MIT PFERDEN SPIELEN

Mit Pferden spielen

Erika Bruhns

Dieses Buch möchte ich meinem leider zu früh verstorbenen Sohn Markus widmen, der mir zu Beginn meiner Arbeit durch seinen einmaligen Pferdesinn eine große Unterstützung war, und der mit mir gemeinsam den Grundstein zur Hippagogischen Station gelegt hat.

Ich will das Buch jedoch auch meinem ersten eigenen Pferd, der Stute Perle, widmen. Sie kam im Alter von 17 Jahren zu mir und war mir weitere 17 Lebensjahre hindurch eine wunderbare Lehrmeisterin.

Anmerkung des Verlags

Der Verlag macht darauf aufmerksam, daß der Umgang mit Pferden zu Unfällen führen kann. Noch unfallträchtiger kann der spielerische Umgang mit Pferden sein. Es ist deshalb bei der Umsetzung der in diesem Buch beschriebenen Spiele besondere Vorsicht angebracht.

Cadmos Verlag Lüneburg
Copyright © 1999 by Cadmos Verlag
Gestaltung: Ravenstein Brain Pool, Völkersen
Fotos: Heimo Bruhns
Druck und Bindung: Westermann Druck
Zwickau GmbH

ISBN 3-86127-513-9

INHALT

VORWORT

ZUM BUCH

Das Buch „Mit Pferden spielen" entstand aus den gleichnamigen Kursen heraus. Hier werden Wege aufgezeigt, Pferde zu beschäftigen, sie zu unterhalten, ihre Intelligenz zu fördern und ihnen die Scheu vor Neuem zu nehmen. Im Prinzip sind alle hier aufscheinenden Vorschläge nichts anderes als „Lernspiele". Es handelt sich dabei um genau dasselbe Konzept,das in der Humanpädagogik dazu genützt wird, den Kindern in leichter, lustbetonter und mitunter auch amüsanter Form Schul- oder Lebenswichtiges beizubringen oder sie zur Auseinandersetzung damit zu veranlassen. Lernspiele werden auch dazu genützt, all das, was noch nicht genau verstanden wurde oder nicht richtig beherrscht wird, zu klären, einzuüben, zu festigen. Bei Menschen ebenso wie bei Pferden.

Ein interessanter Nebeneffekt bei diesen Lernspielen besteht darin, daß hier auch die Menschen viel dazulernen, nicht nur für den Umgang mit ihrem Pferd, sondern auch für das eigene Wohlbefinden sowie für ihr Berufs- und Familienleben.

ZU DEN FOTOS

Der geneigte Leser wird sich vielleicht wundern, hier nicht, wie gewohnt, tadellos geputzte und piekfein zurechtgemachte Pferde abgebildet zu sehen. Aber die in diesem Buch wiedergegebenen Fotos sind nicht gestellt, sondern ergeben sich unmittelbar bei der Arbeit mit den Pferden oder aus einer entsprechenden Situation heraus.

Da unsere Pferde glücklich und zufrieden in einem Offenstall mit dem unbedingt erforderlichen Naturboden leben, präsentieren sie sich auf den Fotos in jenem Zustand, in dem sie sich gerade befinden: frisch gewälzt, mit schmutzigen Beinen vom Gehen durch matschiges Gelände, mit zerzausten und verknoteten Mähnen, weil man im Sommer heftig juckende Insektenstiche scheuern muß, mit vom achtlosen Liegen in der Nähe von nassen Stellen nicht mehr ganz weißen Schweifen oder gelegentlich in einer langen Schönwetterperiode auch einmal ganz sauber. Haflinger sind zwar recht fotogen, aber mit ihrem hellen Langhaar nicht ganz an eine natürliche Pferdehaltung angepaßt. Von Ende August an entwickeln sie ein immer dichter werdendes Winterfell, mit dem sie schließlich nicht mehr elegant, sondern wie kleine Teddybären aussehen. Die Hauptsache aber ist, sie fühlen sich wohl. Pferde, die sich wohl fühlen, sind umgänglicher, ausgeglichener, gesünder und haben mehr Spaß an der Arbeit.

Auch die auf den Fotos abgebildeten Menschen sind nicht gestylt, sie präsentieren sich nicht im korrekten Reiterlook, sondern in legerer Kleidung, wie sie bei der Arbeit oder der intensiven und konzentrierten Tätigkeit bei einem Kurs am angenehmsten ist.

Danken möchte ich an dieser Stelle auch dem Fotografen, Heimo Bruhns, der mit viel Geduld, Geschick und Einfühlungsvermögen, den Finger rechtzeitig am Drücker hatte, um dem Leser die entsprechenden Situationen im Bild zu verdeutlichen. Danken muß ich auch meinem Mann, der mit viel Geduld immer wieder als Kontrollleser fungierte.

ÜBER DIE AUTORIN

Die Autorin ist von Beruf Pädagogin und Autorin vieler Lernspiele für Kinder. Heute ist sie ausschließlich als Hippagogin tätig. 1974 begründete sie ihre private hippagogische Station und beschäftigt sich intensiv mit empirischer Verhaltensforschung und Körpersprache.

Immer schon schrieb sie pädagogische und später auch hippagogische Artikel für Zeitungen und Zeitschriften. So war es eigentlich nur logisch, daß sie sich entschloß, eine eigene Zeitschrift herauszugeben, die in Insiderkreisen sehr geschätzt wird, weil sie sich in erster Linie mit Pferdeverhalten und Pferdeerziehung beschäftigt. Nicht zufällig lautet der Untertitel der Zeitschrift HAFLINGERsport:

„Die Zeitschrift, die sich über das Wohlbefinden der Pferde Gedanken macht."

Seit 1995 hält Erika Bruhns in dem von ihr begründeten „Zentrum für artgerechte und gewaltfreie Pferdeerziehung" Kurse zu den Themen Pferdeerziehung, natürliches Pferdeverhalten, Körpersprache und „Mit Pferden spielen", die von jenen Leuten gern besucht werden, die sich einen besseren, intensiveren und pferdegerechteren Kontakt mit ihren Tieren wünschen, schwierige Pferde haben oder ganz einfach die Pferde besser verstehen wollen.

MIT PFERDEN SPIELEN?

Hoffentlich haben Sie den Titel dieses Buches nicht falsch gedeutet. Oder freuen Sie sich schon darauf, mit Ihrem Pferd „Wer fürchtet sich vorm schwarzen Mann?" oder Golf, Monopoly, Bridge oder Schach zu spielen? Dann muß ich Sie enttäuschen. Auch mit Quiz, Memory, Tischtennis und anderen Spielen steht es schlecht.

Junior zeigt wenig Interesse für die angebotenen Gesellschaftsspiele.

WARUM SPIELEN LEBEWESEN?

Überlegen wir einmal, aus welchem Grund oder zu welchem Zweck Lebewesen, der Mensch mit eingeschlossen, spielen:

Hauptzweck und eigentlich der einzige Zweck ist die Einübung von Fertigkeiten, die man im Leben benötigt. Als bloßer Zeitvertreib ist Spielen eigentlich nicht vorgesehen, obwohl es beim Menschen, aber auch bei Tieren letztendlich, wenn wir es näher überlegen, doch dazu werden kann.

Wenn der Mensch Karten spielt, trainiert er seinen Geist für logisches Überlegen und das Entwickeln von Taktiken. Wenn Kinder Fangen spielen, üben sie ihre Körpergeschicklichkeit. Wenn Katzen nach allem sich Bewegenden pratzeln, seien es rollende Papierkugeln oder bloß der Schwanz der Mutter, entwickeln sie ihre Fertigkeit im Mäusefangen.

Katzenmütter organisieren sogar solche Spiele für ihre Kinder: Sie fangen eine Maus, töten sie aber nicht, sondern setzen sie vorsichtig mitten in einen Kreis, der von ihren Jungen gebildet wird, und diese müssen nun verhindern, daß die Maus diesen Kreis wieder verläßt. Gelingt es der bedauernswerten Maus doch zu entkommen, hetzt ihr die Katzenmutter mit wenigen Sprüngen nach und bringt sie wieder in den Kreis zurück. Ein Spiel, das uns Menschen grausam erscheint, für das Überlebenstraining der jungen Katzen jedoch ebenso wichtig ist wie die Berufsausbildung für den jungen Menschen.

Training fürs Leben

WELCHE FERTIGKEITEN KÖNNTE EIN PFERD IM SPIEL ÜBEN?

Nun überlegen wir einmal: Was könnte ein Pferd durch Spielen Entscheidendes für sein Leben lernen? Welche Fähigkeiten benötigt es, um sein Überleben zu sichern?

Was muß das Pferd können?

Das natürlich und frei lebende Pferd muß Futter und Wasser in ausreichender Menge zur Verfügung haben, und es muß imstande sein, seinen Feinden, den Beutegreifern, zu entkommen.

Hengste müssen übrigens noch etwas können: Sich den entsprechenden Rang als Herdenhengst erkämpfen und ihn letztendlich auch gegen andere Hengste verteidigen.

Zu Futter und Wasser wird das Pferd durch seinen Instinkt geführt. Da muß es nichts lernen oder einüben.

Muß es das Davonlaufen trainieren? Das erwachsene Pferd muß das nicht. Die Fähigkeit aus der vollkommenen Ruhe urplötzlich mit hoher Geschwindigkeit loszupreschen ist ihm angeboren. Die Ausdauer, die für eine längere Flucht nötig ist, übt es im Alltag, wo ein Pferd nie längere Zeit bewegungslos verharrt. Auch ist es nicht nötig, dieses Ausdauertraining im Galopp zu vollziehen.

Auch eine langsamere Gangart genügt. Freilebende Pferde trainieren praktisch indirekt durch das Weiterziehen von einem Futterplatz zum nächsten oder die Wanderung zur Tränke, die in manchen Gegenden über viele Kilometer führt.

Auch die Wallache halten mit

Training für Fohlen

Anders liegt die Sache bei den Fohlen. Es wird Ihnen sicher schon aufgefallen sein, daß Fohlen wesentlich mehr in Bewegung sind als ausgewachsene Pferde. Sie preschen in vollem Galopp über die Koppel, manchmal in kurzem Sprint, dann wieder ziehen sie größere oder kleinere Kreise.

Warum das? Fohlen nehmen sehr schnell an Größe und Gewicht zu. Da muß sich der Kreislauf ständig an neue Verhältnisse anpassen. Um dies zu gewährleisten, muß er auch trainiert werden. Dies geschieht durch diese kurzen oder längeren Galoppaden. Entweder läuft das Fohlen fröhlich in der Koppel herum oder es vollzieht regelrechte Wettläufe mit anderen Fohlen. Da spielt es gar keine Rolle, ob dies Hengst- oder Stutfohlen sind. Die Wettlaufspiele betreiben sie gemeinsam. Je älter das Fohlen wird, desto langsamer verläuft das Wachstum, und wer genau beobachtet, wird auch merken, daß diese Jungpferde mit zunehmendem Alter auch weniger Bewegung machen.

Hengstspiele

Die halbwüchsigen und erwachsenen männlichen Pferde müssen sich auf gewisse Härten des Lebens vorbereiten. Das tun sie im Spiel, aus dem bei unserer Art der Pferdehaltung üblicherweise kaum jemals Ernst wird. Aber trotzdem verhalten sich unsere Pferde noch immer so, als würden sie in der freien Wildbahn zu Hause sein. Und dort gehört zu einer Herde immer nur ein einziger Hengst. Er hat in gewissem Sinn die Herde zu beschützen und auf ihren Wanderungen darauf zu achten, daß kein Tier zurückbleibt. In erster Linie aber hat er für den entsprechenden Nachwuchs zu sorgen. Aus diesem Grund sollte natürlich immer nur der beste Hengst die Gelegenheit haben, sein Erbgut weiterzugeben, nicht so wie bei unseren „domestizierten" Pferden, wo die Auswahl der zum Decken genehmigten Hengste oft nach ganz anderen Kriterien stattfindet.

Ob in der freien Wildbahn ein Hengst als Herdenhengst und damit als Stammvater vieler weiterer Nachkommen geeignet ist, muß er durch sein Verhalten, vor allem aber durch den Sieg über seine Mitbewerber beweisen.

Sein Leben ist nicht so rosig, wie man vielleicht glauben mag, denn ständige Wachsamkeit nicht nur über seine Stuten, sondern auch gegenüber gleichgeschlechtlichen Rivalen, die ständig versuchen, seine Rolle zu übernehmen, können schon regelrechten Streß bereiten.

Diese ständig wiederkehrenden Hengstkämpfe zehren an Nerven und Gesundheit des Herdenhengstes. Daher muß er, um seine Position über längere Zeit hinweg bekleiden zu können, auch körperlich gut in Form sein. Aus diesem Grund trainieren männliche Pferde von Jugendjahren an ihre „Kampfkraft".

Diese Kampfspiele kann man auch unter Wallachen beobachten, denn die Natur kennt nur männlich und weiblich. Auch der Wallach ist also immer noch ein männliches Pferd und verhält sich als solches.

> **Der Mensch ist nicht für Pferdespiele gebaut.**

In Pferdegruppen, die eine halbwegs natürliche Herdenstruktur haben, kann man vor allem am Nachmittag männliche Pferde bei ihren Kampfspielen beobachten, während die Stuten sich abseits halten.

Hengstspiele werden kaum durch Herumrennen ausgetragen, sondern ähneln eher einem Box- oder Ringkampf. Er beginnt zumeist mit einer Spielaufforderung, die darin besteht, daß ein männliches Pferd einen mögli-

chen Spielpartner kräftig zwickt. Die richtigen Kampfspiele vollführen sie zumeist auf den Hinterbeinen stehend und mit den Vorderbeinen gegen den Kampf- oder Spielpartner agierend. Kräftige Bisse in die Karpalgelenke sollen den auf allen vieren stehenden Gegner zu Fall bringen. Deshalb versuchen männliche Pferde in diesem Fall durch Niederknien ihre Karpalgelenke zu schützen.

Gefahr für den Menschen

Mit Pferden spielen? Es liegt auf der Hand, weshalb der Mensch bei diesen Pferdespielen nicht mittun kann: Er ist körperlich einfach nicht dafür geschaffen. Auch wenn er noch so fit ist, wird er Schwierigkeiten haben, mit Fohlen um die Wette zu laufen, die im Sprint derartige Geschwindigkeiten erreichen, daß selbst erwachsene Pferde kaum mithalten können.

Noch problematischer wäre es, sich an Hengstspielen zu beteiligen. Schon so mancher Pferdebesitzer hat, ganz ungewollt, damit schmerzhafte Bekanntschaft gemacht. Schon die Spielaufforderung, das feste Zwicken in unsere Arme und Beine, das manchen männlichen Pferden nur unter Schwierigkeiten abgewöhnt werden kann, hält unsere dünne Haut nicht aus. Selbst durch normale Kleidung bereitet dieses Gezwicke noch Schmerzen und verursacht kräftige blaue Flecken. Sobald sich aber ein Pferd auf die Hinterbeine erhebt, kann es wirklich gefährlich werden, denn die Schläge mit den Hufen, selbst wenn diese nicht mit Eisen versehen sind, können schwerste Verletzungen hervorrufen. Dabei sind diese „Angriffe" in den Augen des Pferdes absolut nicht böse gemeint. Aber es

Schnell rund um das Auto!

Wo ist Frauchen bloß geblieben?

nen Fohlenhufe können schon gewaltige Schmerzen verursachen. Noch schlimmer sind die „Aufprallspiele", bei denen das Fohlen in vollem Tempo üblicherweise gegen ein anderes Pferd läuft und dieses als Prellbock benützt. Ein Pferd hat vier Beine und verkraftet den Aufprall des Fohlens problemlos. Der Mensch, auf zwei Beinen immer nur im labilen Gleichgewicht, kommt ins Wanken und kann auch ganz umgeworfen werden.

Am schlimmsten aber sind die Umarmungen männlicher Fohlen, die sich an den Menschen von hinten heranmachen, sich auf zwei Beinen aufrichten, ihm die Vorderbeine auf die Schulter legen und ihn dann in den Nacken beißen. Dieses Spiel ist extrem gefährlich für den Menschen. Es sollte deshalb unbedingt vermieden werden. Fohlen, auf deren Spiele man eingeht, gehen auch in Zukunft mit dem Menschen um wie mit einem anderen Pferd. Das Pferd lernt, den Menschen als Spielpartner zu betrachten. Eine Einstellung, die es auch in seinem Erwachsenenleben gern beibehält. Darum sollte man auch dem kleinsten und entzückendsten Fohlen nicht erlauben, mit einem zu spielen.

Mit Pferden auf „pferdische" Weise zu spielen ist also für den Menschen nicht ratsam, ja sogar gefährlich.

Aber vielleicht könnte das Pferd sich an Spielen unserer Art beteiligen? Zweifellos könnte es sich dabei am ehesten um Bewegungsspiele handeln. Zwar gibt es immer wieder Erzählungen von Pferden, die wie der „kluge Hans" rechnen können und sogar Schach spielen, doch wird kaum einer der geneigten Leser über solch ein Wunderpferd verfügen.

berechnet seine Aktionen eben für die körperliche Ausgestaltung eines Pferdes und nicht für einen Menschen.

Solange das Pferd noch ein wenige Wochen altes Fohlen ist, neigt der Mensch dazu, sich mit ihm spielerisch zu beschäftigen. Aber selbst die klei-

„FANG MICH!"

Das einzige mir bekannte und von mir und meinen Mitarbeitern immer wieder mit Pferden ausgeführte, auch bei Menschen in ähnlicher Weise übliche Spiel, ist eine Mischung aus „Fangen" und „Verstecken". Und es müssen dabei gewisse äußere Umstände passen.

Das Spiel kann immer nur mit einem einzigen Pferd gespielt werden, und man benötigt dazu eine ruhige, möglichst pferde- und menschenfreie Umgebung, die gewisse Versteckmöglichkeiten bietet.

Das Spiel ist auch ein wenig einseitig, da es immer der Mensch ist, der davonläuft, und das Pferd derjenige, der fängt. Und genaugenommen ist das Pferd auch gar nicht daran interessiert, den Menschen zu fangen. Warum sollte es auch? Sein Interesse gilt ausschließlich dem Sack mit Karotten, altem Brot oder Pferdebelohnungen, den der Mensch bei sich trägt.

Nun habe ich praktisch schon alles verraten. Aber trotzdem lesen Sie hier die Spielregeln:

Der Mensch, versehen mit dem oben erwähnten möglichst großen und deutlich raschelnden Plastiksack, sollte tunlichst ein flotter Läufer sein, denn er muß einen gewissen Abstand zwischen sich und das Pferd bringen können, das sich ja - aus purer Gier - sogleich an seine Verfolgung macht. Hinter einem Gebüsch, einem Auto oder einer anderen geeigneten Versteckmöglichkeit, verbirgt sich der Mensch und harrt der Dinge, die da kommen. Zumeist dauert es nicht lange, bis er entdeckt wird und dem Pferd als Finderlohn etwas aus seinem Sack verabreicht.

Frauchen ist gefunden und dafür gibt es eine Karotte.

Wo es keine passenden Versteckmöglichkeiten gibt, spielt man einfach die Version „Fangen", wobei man allerdings recht geschickt sein muß. Denn üblicherweise ist das Pferd schneller als der Mensch, der sich nur durch plötzliche Wendungen oder Baumumkreisungen retten kann. Sollte das Pferd wenig Lust zeigen, sich an dem Spiel zu beteiligen oder zu schnell die Lust verlieren, genügt ein nachdrückliches Rascheln mit dem Belohnungssack, dem kaum ein Pferd widerstehen kann.

Bald wird der Mensch merken, daß er seinen Spielpartner Pferd falsch eingeschätzt hat. Vielleicht gelingt es ihm zu Anfang, durch eine schnelle Kehrtwendung, seinem Pferd zu entkommen. Doch sehr bald wird das Pferd diesen Trick durchschauen und beim geringsten Langsamerwerden des Menschen sich schon zur Richtungsänderung bereitmachen. Besonders western geschulte Pferde haben keine Mühe mit blitzschnellen Wendungen.

Die Spielregeln

Auch das Fangenspiel rings um einen Baum durchschaut das Pferd schnell. Hat man es zwei-, dreimal durch blitzschnellen Richtungswechsel ausgetrickst, wird es beim nächstenmal einfach stehen bleiben, so daß der unaufmerksame Mensch direkt gegen das Pferd prallt. Reizvoll wird dieses Spiel nur, wenn auch der Mensch an Ort und Stelle verharrt und es nun nur noch eine Frage der besseren Nerven ist, wer den anderen zum ersten Schritt veranlaßt.

Vorsicht ist auch bei diesem Spiel geboten.

Das Fangenspiel ist nicht ganz ungefährlich, und wie bei allem, was den Umgang mit dem Pferd betrifft, ist ständige Wachsamkeit des Menschen vonnöten.

Wird das Pferd nämlich im Zuge des Spieles übermütig, keilt es auch mit den Hinterhufen aus. Und dies tut es genau schräg in Richtung auf den Spielpartner zu. Das ist vom Pferd keineswegs böse gemeint, sondern eher eine Aufforderung an den Spielpartner, in seinen Bemühungen ja nicht nachzulassen und mit ihm um die Wette zu laufen. Beim Spiel mit seinen Pferdkollegen tut es dasselbe. Diesen schadet allerdings ein Tritt mit den Hufen so gut wie gar nichts.

Der Mensch ist da leider weniger robust konstruiert. Ein gewisser seitlicher Abstand zum Pferd ist also immer günstig.

SPIEL ALS VORBEREITUNG FÜR DAS LEBEN

Also kein Spiel mit Pferden?
Oder vielleicht doch?
Wenn wir davon ausgehen, daß Spiel Vorbereitung auf das Leben bedeutet, könnten wir so manches als Spiel bezeichnen, was wir mit Pferden unternehmen.

WAS BRINGT ES?

Wir verwenden Spiele, um Fertigkeiten und Verhaltensweisen einzuüben, die aus der Sicht des Menschen nötig sind. Im Prinzip sind viele jener Spiele, mit denen wir unsere Kinder beschäftigen ja auch nichts anderes. Spiele, die aus der Sicht des Erwachsenen bestimmen, was das Kind im späteren Leben einmal brauchen wird. So können auch jene Spiele, die wir mit dem Pferd spielen, echte Lernspiele sein, die das Pferd auf all das vorbereiten, was es im Zusammenleben mit dem Menschen und in unserer Umwelt braucht, was aber von der Natur her für das Pferd eigentlich gar nicht vorgesehen war.

   Pferde waren in jenen Zeiten, da sie wirklich zur Arbeit gebraucht wurden (Landwirtschaft, Militär usw.), den ganzen Tag beschäftigt. Sie waren in Bewegung und hatten eine Aufgabe zu erfüllen. Als Gegenleistung erhielten sie ihr Futter. So wurde die Zeit, die sie in der freien Natur für die Nahrungssu-che und Nahrungsaufnahme benötigten, durch Arbeit für den Menschen ersetzt.

   Heute sind eigentlich nur mehr Miet- und Reitschulpferde einen größeren Teil des Tages beschäftigt. Privatpferde haben, wenn überhaupt, durchschnittlich eine Stunde täglich eine Aufgabe zu erfüllen, sind aber in der Regel nicht gezwungen, ihre Nahrung selbst zu suchen, sondern werden mit hochwertigen, schnell aufzufressenden Futtermitteln versorgt und langweilen sich so einen Großteil des Tages. Selbst wenn sie für einige Stunden auf eine Einzel- oder Gemeinschaftskoppel dürften, stehen sie dort zumeist gelangweilt herum.

   Etwas besser haben es da nur jene Pferde, die in einem Offenstall leben und infolgedessen jederzeit die Möglichkeit zur Bewegung aber auch zu Interaktionen mit anderen Pferden haben.

   Der Besitzer eines Boxenpferdes hat daher eigentlich die Verpflichtung, seinem Pferd außer dem Geritten- oder Gefahrenwerden noch anderen Zeitver-

Pferde, die in einem Offenstall leben, haben mehr Abwechslung, sie sind ausgeglichener, aber auch sie entwickeln großes Interesse an Lernspielen.

Lernspiele

Mehr als bloßer Zeitvertreib

treib anzubieten. Wunderbar geeignet für diesen Zweck sind die spielartigen Beschäftigungen. Denn sie haben als Lernspiele außer dem Zeitvertreib noch viele weitere Vorteile:

> Wir können die geistigen Fähigkeiten des Pferdes erweitern.
> Wir können die körperlichen Fähigkeiten verbessern.
> Wir können die Kooperation zwischen Mensch und Pferd fördern.

Keinerlei Zwang

Und all dies sollte, wie es sich für ein Spiel geziemt, in einer lockeren, fröhlichen Atmosphäre vor sich gehen. Nichts muß absolut perfekt sein. Einfach ausprobieren, Bewährtes wiederholen, Wirkungsloses verwerfen, Mißlingendes ändern. Kein Zwang! Zwang ist ein Freudekiller.

Das Pferd soll Spaß haben. Aber es muß nicht, wenn es einmal absolut nicht will. Die Aufgabe des Menschen ist es, dafür zu sorgen, daß diese Art der Beschäftigung dem Pferd wirklich Freude macht und es deshalb eigentlich immer Lust hat.

Achtung vor der Persönlichkeit des Pferdes

Niemals aber darf man vergessen, daß man es mit einem Pferd zu tun hat, das auch wie ein Pferd behandelt werden will und nicht menschlich reagieren kann. Das Pferd darf dabei weder zu einem Sportgerät noch zu einem Spielzeug oder einem Zirkustier herabgewürdigt werden.

Das Pferd ist ein fast gleichwertiger Kamerad des Menschen. Es kommt im Rang gleich nach uns. Deshalb muß man seine Würde auch immer achten und sollte nichts tun, was es degradiert und zu einem Objekt macht, mit dem wir nach Belieben umgehen. Darum ist es, meiner Meinung nach, auch abzulehnen, „Zirkuskunststücke" mit seinem Pferd zu machen, die unnatürlich sind und es in seiner Würde beeinträchtigen.

Der Umgang mit dem Pferd muß immer von gegenseitiger Achtung geprägt sein.

DIE GEISTIGEN FÄHIGKEITEN DES PFERDES ERWEITERN

> Wie klug ist ein Pferd?

„Pferde sind dumm!" Diese Meinung ist in Reiterkreisen noch immer weit verbreitet. Dabei haben viele dieser Reiter schon deutliche Erfahrungen damit gemacht, daß ihr Pferd nicht dumm, sondern sehr schlau ist. Nur hat der Mensch die Schlauheit nicht erkannt, die dahintersteckt. So manches Pferd, das beim Reiten nicht das macht, was der Reiter von ihm verlangt, tut dies nicht, weil es nicht versteht, sondern weil es keine Lust verspürt und auch längst die Erfahrung gewonnen hat, daß es dann weniger gefordert wird und bald in den Stall zurückkehren darf.

Wenn Pferde systematisch Boxenoder Scheunentüren öffnen und dabei auch schwierige Verschlußsysteme bewältigen, ist dies auch kein Zufall, sondern ein Beweis dafür, daß sie ganz gewiß nicht dumm sind.

Die Intelligenz des Pferdes zielt selbstverständlich in eine zumeist ganz andere Richtung als die des Menschen. Es besitzt eine Intelligenz für seine spezifischen Bedürfnisse. Ein Pferd muß nicht trigonometrische Aufgaben lösen, nicht differenzieren oder integrieren können, keinen Computer bedienen, nicht physikalische Gesetze in Formeln fassen, keine Gedichte aufsagen oder Aufsätze schreiben können.

Es benötigt seine Intelligenz, um sein Überleben zu sichern. Also muß es imstande sein, Futter und Wasser aufzufinden und seine Feinde rechtzeitig erkennen, um ihnen entfliehen zu können. Dabei schafft es eben auch schwierigere Situationen, wie das Überwinden von Koppelzäunen (obendrüber, untendrunter oder einfach mittendurch), wenn draußen grünes Gras lockt, oder selbst komplizierte Torverschlüsse von Scheunen und angeblich pferdesichere Verschlüsse von Futtertonnen.

Es besitzt auch eine soziale Intelligenz, die es ihm ermöglicht, sich im Herdenverband einzufügen, seine eigene Position zu erkennen und durch oft besonders kluge Taktiken eine höhere Position zu erreichen.

Ein Beispiel für solch intelligente Taktik ist folgende Episode:

In ländlichen Gegenden ist es noch immer üblich, nicht nur Stuten und Fohlen auf Sommerweiden zu bringen, sondern auch männliche Pferde. Wallache und Hengste aus der näheren und weiteren Umgebung, die im Sommer keine Aufgabe haben oder noch zu jung sind, werden auf eine großräumige Weide gebracht. Dort entspinnt sich nun, wie das die männlichen Pferde so im Blut haben, ein Rangkampf: Wer ist der beste, stärkste, klügste, der es schafft, sich den Respekt aller zu verschaffen und diese Pseudoherde für

einen Sommer anzuführen? Diese Kämpfe sind ein wahres, mitunter recht brutales Spektakel, das die Pferdebesitzer aufgeregt verfolgen. Der Sieger in diesem Kampf bekommt schließlich eine Glocke umgehängt, damit jeder erkennen kann, wer der Chef ist.

Auch in dem hier erzählten Fall hatte sich das Gerangel nach mehrstündiger Dauer endlich gelegt, dem Siegerhengst wurde die Leithengstglocke um den Hals geschnallt. Da erschien ganz überraschend ein Hengst, der sich bisher aus dem ganzen Gekämpfe herausgehalten und still in einer Ecke verharrt hatte. Er stürzte sich auf den Leithengst, der von den eben abgeklungenen Kämpfen schon ziemlich ermüdet und ramponiert war und gar nicht wußte, wie ihm geschah, ließ sich von dessen Leithengstglocke nicht im geringsten beeindrucken, sondern erledigte ihn binnen weniger Minuten.

Will man die Intelligenz des Pferdes unbedingt mit der des Menschen vergleichen, kann man sagen, daß es in unserem Sinn im Durchschnitt die Intelligenz eines dreijährigen Kindes erreicht. Und das ist schon ganz beträchtlich.

> **Der Besitzer ist für die Intelligenz seines Pferdes verantwortlich.**

Wie intelligent im menschlichen, aber auch im pferdischen Sinn ein Pferd ist, hängt von zwei Faktoren ab: der Vererbung und der Umwelt.

Jedes Pferd wird, wie der Mensch auch, mit einer bestimmten Veranlagung hinsichtlich seiner Intelligenz geboren. Dies ist ein Rahmen. Wieviel

Pferdeintelligenz ist nicht gleich Menschenintelligenz

von den vorgegebenen Möglichkeiten auch genützt wird, hängt allerdings von seinem Umfeld ab. Das Pferd kann am untersten Rand der Bandbreite bleiben; und das geschieht, wenn ihm keinerlei Möglichkeiten zum Training und zur Erweiterung seiner Intelligenz geboten werden, oder wenn es überhaupt keine Bestrebungen zeigt, sich weiterzuentwickeln. Es kann aber ebenso bis an den obersten Rand seiner Möglichkeiten gelangen, wenn es die entsprechenden fördernden Möglichkeiten in seiner Umwelt vorfindet. Dies bedeutet, daß der Besitzer sehr stark dafür verantwortlich ist, zu welchem Intelligenzlevel sein Pferd gelangt.

Wird ein Pferd bloß gefüttert, geputzt und geritten, ist dies als „Intelligenzförderung" nicht ausreichend. Die entsprechende Haltung im Offenstall, die dem Pferd mehr Freiheit läßt und dadurch auch Möglichkeiten bietet, sich mit der Umwelt auseinanderzusetzen, kann schon sehr intelligenzfördernd wirken. Und schließlich gibt es da noch die Lernspiele, über die wir in diesem Buch reden wollen.

Nicht vergessen darf man aber, daß es bei Pferden auch nicht anders ist als bei Menschen: die einen lernen schneller, die anderen brauchen längere Zeit dazu.

DIE KÖRPERLICHEN FÄHIGKEITEN VERBESSERN

Beobachtet man ein Pferd in der freien Bewegung auf der Koppel, so meint man, es sei ohnehin vollkommen. Es schwebt zumeist so elegant dahin, daß es allein schon deshalb von jedermann geliebt wird. Was gibt da also noch zu

Welche körperlichen Fähigkeiten braucht ein Pferd?

verbessern? Für das Pferd, das frei und wild in der freien Natur lebt, genügen sein reiches Bewegungsrepertoire und alle die ihm angeborenen Fähigkeiten, um Futter zu suchen und den Beutegreifern zu entkommen. Wenn es aber dem Menschen als Arbeitstier, als Reit- oder Fahrpferd dient, kann es sein, daß weitreichendere körperliche Fähigkeiten wünschenwert wären, denn für solche Aufgaben wurde es nicht unbedingt von der Natur geschaffen. So vollführt das Pferd in Freiheit seine Bewegungen automatisch. Da muß nicht hinterfragt werden, wie Beine zu setzen, Kopf und Hals zu halten, Körper oder Hanken zu biegen sind. So braucht ein Pferd kein intensives Bewußtsein seiner Hinterhand, um in höchstem Tempo zu fliehen; die Bewegungsvorgänge laufen automatisch ab. Und das ist auch absolut notwendig, wo es doch um Bruchteile von Sekunden geht, wenn Tiger oder andere Raubkatzen hinter dem Pferd her sind. Auch auf der Koppel braucht das dort fröhlich herumspringende Pferd dieses Wissen nicht.

Aber bei Bewegungsvorgängen, die in der Natur kaum vorkommen, kann es ganz schön in Schwierigkeiten geraten. Das zeigt sich ganz deutlich, wenn man etwa versucht, mit einem „rohen" Pferd, durch ein Labyrinth zu gehen oder es verkehrt durch einen L-förmigen Gang zu bugsieren. Wer je in einem Linda-Tellington-T.T.E.A.M.-Kurs mit einem noch rohen oder kaum angelernten Pferd gearbeitet hat, wird diese Erfahrung schon gemacht haben.

Etwas, das auch für ein Fluchttier enorme Bedeutung hat, ist die Reaktionsgeschwindigkeit. Bei Gefahr in Verzug treibt sie der Instinkt zu schneller

Reaktion, die in erster Linie aus Davonlaufen besteht. Für unsere Arbeit mit Pferden ist es jedoch nötig, daß sie auch auf unsere Kommandos schnell und korrekt reagieren.

Im Reit- und Fahrsport ist vieles an Körpergeschicklichkeit gefragt, was im normalen und natürlichen Bewegungsrepertoire des Pferdes nicht vorhanden ist.

Die Haltungsformen, in denen unsere Pferde heute zumeist leben, lassen die zunächst angeborene Trittsicherheit allmählich verkümmern. Pferde, die sich vorwiegend auf glatt eingeebneten Reitplätzen und weich gepolsterten Hallenböden bewegen, dazwischen bestenfalls einen gepflasterten Hof durchqueren müssen, verlernen es, darauf zu achten, wohin sie treten. Selbst in vielen Offenstallhaltungen gibt es nicht mehr den natürlich gewachsenen Boden, sondern saubere, stets glattgerechte Böden aus Rindenmulch, Spänen oder Sand. Kein Wunder, daß diese Pferde auf gelegentlichen Ausritten immer wieder stolpern! Für sie führen ein mittelgroßer Stein, eine kleine Grube im Weg, ein vom Regen glitschiger Boden schon zu Verletzungen. Fachleute klagen darüber, daß selbst Haflinger, einst der Inbegriff des trittsicheren Pferdes, zusehends an Verletzungen laborieren, die durch mangelnde Trittsicherheit entstanden sind.

Körperbewußtsein, Geschicklichkeit, Trittsicherheit, Köperbeherrschung und Reaktionsgeschwindigkeit spielerisch zu üben und zu verbessern, kann darum nicht nur zu besseren Wertnoten auf dem Turnierplatz führen, sondern auch dazu beitragen, daß Ausritte problemlos ablaufen und Verletzungen vermieden werden.

DIE KOOPERATION ZWISCHEN MENSCH UND PFERD

Im Reit- und Fahrsport sind Mensch und Pferd ein Team. Alles hängt von ihrer guten Zusammenarbeit ab. Diese Zusammenarbeit setzt gegenseitiges Vertrauen, Verstehen und Rücksichtnahme voraus, aber auch Achtung vor der Würde des anderen Lebewesens.

Nicht alle Reiter bilden mit ihrem Pferd ein Team. Und das macht dann das Reiten oder Fahren mitunter sehr schwierig.

Natürlich ist es nicht leicht, bei zwei so unterschiedlichen Individuen wie Mensch und Pferd, ausreichend Verständnis füreinander aufzubringen, damit eine Zusammenarbeit ohne größere Mißverständnisse möglich ist. Die Fähigkeit, einander zu verstehen und sich dem anderen verständlich zu machen, ist zumeist nicht von Anfang an vorhanden, sondern muß erst nach und nach erlernt werden, sowohl vom Menschen als auch vom Pferd.

Zumeist ist leider der Umgang des Menschen mit dem Pferd nicht von gegenseitigem Verständnis getragen, sondern das Pferd hat zu verstehen, der Mensch aber sieht keinen Grund, sich selbst um Verständnis zu bemühen, oder er ist dazu nicht imstande. Beide Versionen sind leider sehr häufig anzutreffen.

Nun werden Sie sich fragen, warum alle in der Folge geschilderten Spiele vom Boden aus durchgeführt werden. Warum nicht vom Sattel aus, von dort aus, wo der Reiter doch hingehört?

Daß der Reiter in den Sattel gehört, das meinen nur die Menschen. Das Pferd sieht das ganz anders.

Schnell und richtig reagieren

Trittsicherheit - ein Fremdwort?

Teamwork und gegenseitiges Verständnis

Der Mensch als Feind im Nacken

Zunächst ist es nämlich für den Menschen vom Sattel aus gar nicht so einfach, sein Pferd zu verstehen. Auch die Art, wie er sich ihm „verständlich" macht, nämlich durch vom Menschen erdachte Signale, macht es dem noch nicht darauf dressierten Pferd schwer, die Wünsche des Menschen zu begreifen. Gegenseitiges Verständnis entwickelt man am besten vom Boden aus. Die Position des Menschen im Sattel macht ihn für das noch natürlich empfindende Pferd nämlich zum Feind im Nacken.

Warum das?

Gewiß haben Sie schon im Fernsehen gesehen, wie ein Löwe seine Beute, eine Gazelle, einen Büffel, ein Zebra reißt. Er holt sie im Lauf ein und springt sie dann von hinten her an, indem er auf deren Rücken landet und sich im Widerrist verbeißt. Diese Vorstellung ist auch in unseren längst gefahrlos ohne Beutegreifer lebenden Pferden fest verhaftet. Das zeigt sich ganz deutlich schon darin, daß Pferde sich zunächst vor allem fürchten, was von oben her in ihr Blickfeld gelangt, wie ein Besen, der Spinnweben abkehrt, die Reiterjacke, die ausgezogen wird, die im Wind sich hin und herbewegenden Äste etc..

Verbesserte Kommunikation vom Boden aus

Befindet sich der Mensch auf dem Boden, gewissermaßen auf gleicher Ebene mit dem Pferd, ist die Kommunikation wesentlich besser. Das Pferd hat den Menschen in seinem Blickfeld und - umgekehrt - auch der Mensch das Pferd. Dies ist unumgänglich nötig, um das Pferd in seinem Verhalten und seinen Reaktionen zu beobachten und zu verstehen, andererseits aber auch selber vom Pferd als Ganzes wahrgenommen zu werden. Denn durch seine Körpersprache kann sich der Mensch dem Pferd am besten verständlich machen.

Für den vertrauensbildenden Umgang zwischen Mensch und Pferd ist eine Arbeit vom Boden aus also unumgänglich.

Allerdings haben viele Menschen Probleme mit der Körpersprache. Selbst wenn sie darin Grundkenntnisse oder auch spezialisierte Kenntnisse erwerben, haben sie meist nicht genügend Kontrolle über ihre Bewegungen. Und so kommt es leider häufig vor, daß ihr Körper Gegensätzliches ausdrückt. Daß Pferde in diesem Fall nicht imstande sind, diese Signale zu deuten, ist verständlich. Oft neigt man dann dazu, weil das menschliche Ego Fehler nicht gern bei sich selber sucht, dem Pferd die Schuld an den Mißverständnissen zuzuschieben. Eine gelegentliche Kontrolle der Arbeit mittels Videokamera könnte Erstaunliches zutage fördern.

So bleibt hier auch für den Menschen allerlei zu lernen. Und erst aus der intensiven Beschäftigung mit der Körpersprache von Mensch und Pferd entsteht dann die nahezu perfekte Interaktion, das Zusammenspiel, das für beide die gemeinsame Beschäftigung zum Vergnügen macht. Doch darf man nicht meinen, daß diese Harmonie gewissermaßen über Nacht zu erzielen ist. Sie verbessert sich von Tag zu Tag ein bißchen, wenn der Mensch sich wirklich darum bemüht. Und wenn er das Glück hat, sein Pferd viele, viele Jahre als Begleiter zu haben, wird er merken, daß des Lernens niemals ein Ende ist. Es geht immer noch ein bißchen perfekter. Das ist das Wunderbare an dieser Arbeit.

GRUNDLAGEN FÜR EIN SINNVOLLES SPIEL

Bei den „Spielen", die wir mit unserem Pferd unternehmen, können wir grundsätzlich zwei Formen unterscheiden.

> **Form 1:**
> Wir geben Anreize, mit denen sich das Pferd dann selbständig auseinandersetzt. Der Mensch ist dabei nur Zuschauer.

> **Form 2:**
> Hier setzen wir mit dem Pferd gemeinsame Aktionen. Mensch und Pferd sind, so hat es den Anschein, gleichwertige Partner, die möglichst harmonisch zusammenarbeiten sollen.

Beide Spielarten haben ihren besonderen Reiz, und man sollte sie abwechselnd einsetzen, um nichts zur Routine werden zu lassen.

PÄDAGOGISCHE VORAUSSETZUNGEN

Spiel ist eigentlich nichts anderes als Lernen in lustbetonter Form, wie schon die Bezeichnung Lernspiel deutlich macht. Deshalb sollten wir den Spaß

und die Leichtigkeit dabei niemals vergessen. Nur allzu leicht nämlich kann der Mensch im Eifer der Betätigung ins bloße Belehren oder Trainieren abgleiten. Was als nettes Spiel begann und eigentlich von Freude und Harmonie getragen sein sollte, endet dann als Kampf zwischen zwei doch grundverschiedenen Individuen.

Kein Wunder, wenn auch das gutmütigste Pferd allmählich die Lust verliert und einfach nicht mehr mitmachen will.

Das Mitmachenwollen ist ganz allgemein der Gradmesser dafür, ob wir auf dem richtigen Weg sind. Folgt uns das Pferd freiwillig zum „Spielplatz", dann ist die Welt in Ordnung. Muß es mit Gewalt herbeigeholt werden, dann ist etwas faul an der Sache, und wir sollten unsere Vorgangsweise einmal hinter

Wenn Pferde ganz von selbst kommen, um sich mit dem angebotenen „Spielmaterial" auseinanderzusetzen, sind wir auf dem richtigen Weg.

Zwei grundsätzliche Formen des „Spielens"

Spaß und Freude sollen vorherrschen

fragen, ehe wir zu Gewaltmaßnahmen greifen oder gar ganz aufgeben.

Wir sollten einen ganz deutlichen Unterschied machen zwischen Spielen, bei denen kein Zwang angewendet wird und der Erziehung und der Ausbildung des Pferdes, wo wir mitunter auch mit sanftem Nachdruck auf der Befolgung unserer Forderungen bestehen. Das bedeutet natürlich nicht, daß nicht auch bei der Ausbildung oder bei der Erziehung Freude, Leichtigkeit, ja sogar Spaß dabei sein darf.

Letztendlich sollte das Pferd alles, was wir von ihm verlangen, gern tun. Wo Kampf und damit auch Krampf dahinter ist, bleiben Harmonie und Eleganz auf der Strecke. Beobachten Sie einmal die Pferde auf dem Dressurplatz. Sie werden den Unterschied sehr bald erkennen. Nicht jenes Pferd präsentiert sich am besten, das artig und gottergeben allen „Hilfen" Folge leistet, sondern jenes, das selbst Freude an der Sache hat, mit Begeisterung dabei ist und darum auch eine ganz besondere Ausstrahlung zeigt. Auch für das „Spiel" gelten ähnliche Grundsätze wie für die Ausbildung und die Erziehung:

- Niemals Langeweile aufkommen lassen.
- Wiederholungen können Spaß machen oder langweilen.
- Abwechslung, aber nicht zuviel.
- Niemals zuviel auf einmal verlangen.
- Wenn etwas nicht gelingt, nicht endlos probieren, sondern lieber zu etwas übergehen, das sicher gelingt.
- Immer Schluß machen, ehe das Pferd unwillig wird.
- Keine Strafen, wenn etwas nicht so läuft, wie man es sich vorgestellt hat.

Das oberste Gebot beim Spielen heißt: Keine Langeweile aufkommen lassen. Der Unterhaltungswert ist ein ganz wichtiger Faktor beim Spiel. Allerdings haben wir es mit einem Tier zu tun, das niemals in allen Punkten mit uns übereinstimmen wird. Wo der Mensch noch Spaß an der Sache hat, kann sich das Pferd bereits langweilen, und wo das Pferd gar nicht genug kriegen kann, findet der Mensch das Ganze bereits unerträglich fad.

Da aber das Pferd im Mittelpunkt stehen soll, wird man sich nach seinen Vorstellungen richten müssen.

Der sensible Pferdebesitzer erkennt sehr schnell, wenn sein Pferd den Spaß an etwas verliert. Wer nicht sensibel genug ist, wird sehr schnell von seinem Pferd in dieser Hinsicht belehrt werden.

Wiederholungen sind so eine Sache. Erinnern wir uns an das Spiel mit Kindern. Oft wollen sie wieder und wieder dasselbe Spiel spielen. Sie können einfach nicht genug davon bekommen. Dann wieder kann man schon bei der zweiten Wiederholung hören: „Das ist fad. Spielen wir doch etwas anderes!".

Pferde reagieren in vielen Situationen ähnlich wie Kinder. Es liegt also am Einfühlungsvermögen des Menschen, zu erkennen, ob Wiederholungen gewünscht werden, wie viele Wiederholungen gewünscht werden und wie schnell man zu anderem wechseln muß.

Abwechslung ist immer wichtig. Das ist eine echte Herausforderung für kreative Menschen. Einerseits bewähren sich Variationen einer beliebten Spielweise, andererseits sind komplett andersgeartete Beschäftigungen gefragt.

Allerdings kann zuviel Abwechslung auch verwirren. Das Pferd kann nicht mehr folgen und wird unwillig. Es möchte vielleicht lieber auf Vertrautes zurückgreifen. Seinen Unwillen zeigt es meist recht deutlich, indem es einfach nicht mehr mitmacht, sich dumm stellt, seiner Wege geht.

Wer über ein schnell begreifendes und schnell lernendes Pferd verfügt, neigt dazu, zu viel auf einmal zu verlangen. Ja er kann gar nicht genug davon kriegen, in eine Spielstunde noch und noch an Beschäftigung hineinzupacken.

Aber selbst das klügste Pferd kann überfordert werden. Und jede Überforderung rächt sich.

Auf der anderen Seite gibt es das nur langsam lernende Pferd. Dieses wird leicht überfordert, wenn der Mensch ungeduldig ist und nicht abwarten will, bis das Tier verstanden hat.

Zeit lassen, ist also ein ganz wichtiger Faktor beim Spiel. Dies gilt übrigens auch für Erziehung und Ausbildung.

Sturheit von seiten des Menschen, bei der Erziehung und der Ausbildung mitunter sehr nützlich, ist beim Spiel nicht gefragt. Hat man eine bestimmte Vorstellung von dem, was man durchführen will, kann es sein, daß das Pferd eine andere Version bevorzugen würde und danach trachtet, diese auch durchzusetzen. Hier sollte man sich beweglich zeigen. Oft ist die vom Pferd angebotene Version besser, amüsanter, verständlicher. Zumindest aus dem Blickwinkel des Pferdes.

Es erweist sich immer als zweckmäßig, die vom Pferd angebotene Version auszuprobieren, zu hinterfragen und eventuell auch zu übernehmen.

Mitunter kann man von Pferden sehr gute Ideen für andere Gestaltungen geliefert bekommen. Man muß nur bereit sein, zuzuhören.

Kann man sich nicht einigen, darf man es beim Spiel, um dessen Charakter nicht zu zerstören, nicht auf einen Disput ankommen lassen. Man geht dann besser zu einer ganz anderen Unterhaltungsart über.

Nicht übersehen darf man aber, daß nicht alle Pferde gleich schnell verstehen und gleich schnell lernen. Bei einem muß mehr Mühe investiert werden, es braucht mehr Wiederholungen und es dauert länger, bis der gewünschte Effekt erreicht wird. Andere Pferde wieder lernen besonders schnell. Zunächst einmal zur Freude des Besitzers. Allmählich aber kommt der Mensch dahinter, daß sein Pferd nicht nur das Erwünschte schnell erlernt, sondern ebensogut auch jeden Unsinn.

Beim Spielen steigern sich Mensch aber auch Pferd oft in einen Tätigkeitsdrang hinein. Alles gelingt, alles amüsiert, das Pferd spielt wunderbar mit und hat sichtlich Freude an allem.

Doch ganz plötzlich tritt Ermüdung ein oder Unlust kommt auf oder es ist Futterzeit oder Kameraden rufen von der Koppel her. Schlagartig ist es mit dem ganzen Vergnügen vorbei. Die Stimmung schlägt um. Das Pferd will nicht mehr. Was tun?

Weil man einem Pferd niemals erlauben sollte, selbst Schluß zu machen (es könnte diese Möglichkeit nämlich auch auf das ernsthafte Arbeiten in Erziehung und Ausbildung übertragen), ist es ganz wichtig, daß der Mensch den richtigen Zeitpunkt erfühlt, an dem er Schluß machen muß.

Niemals Langeweile aufkommen lassen

Wiederholungen können Spaß machen oder langweilen

Abwechslung, aber nicht zuviel

Niemals zuviel auf einmal verlangen

Wenn etwas nicht gelingt, nicht endlos probieren, sondern lieber zu etwas übergehen, das sicher gelingt

Immer Schluß machen, ehe das Pferd unwillig wird

Gelingt es dem Pferd bereits, sich dem Einfluß des Menschen zu entziehen, muß es auf jeden Fall noch einmal ganz kurz unter Kontrolle gebracht werden, und mit irgendeiner kurzen, besonders beliebten Version wird die Spielstunde vom Menschen beendet.

> **Strafen sollten beim Spielen verpönt sein.**

Keine Strafen, wenn etwas nicht so läuft, wie man es sich vorgestellt hat

Wenn etwas nicht so funktioniert, wie der Mensch es sich vorgestellt hat, muß er zunächst überlegen, ob seine Erklärungen für das Pferd auch wirklich verständlich waren. Auf jeden Fall sollte er es auf eine andere Weise versuchen. Vielleicht hat auch nur ein Zwischenschritt gefehlt. Oder das Spiel ist für das Pferd einfach nicht so interessant, wie der Mensch es sich vorgestellt hat.

Strafen gibt es nur bei klar erkennbaren Ungezogenheiten wie Schnappen, Beißen, Treten, Rempeln oder Davonlaufen. Selbstverständlich muß diese Strafe den Kriterien entsprechen, die an Strafen bei Tieren anzuwenden sind:

> **Sie müssen sofort, unmittelbar an die Fehlhandlung anschließend erfolgen.**

> **Sie müssen angemessen sein und dürfen niemals in Brutalität ausarten.**

Wenn das Pferd zum Beispiel beißt oder schnappt, kriegt es einen energischen Klaps auf die Nase, der durch ein mit Nachdruck gesprochenes „Nein!"

unterstützt wird.

Ein davonlaufendes Pferd wird wieder eingefangen und zurückgeholt. Und wenn es wieder davonläuft, muß es wieder zurückgebracht werden. Egal wie oft sich dieses Spiel wiederholt, hier muß der Mensch auf dem längeren Ast sitzen. Besser ist es jedoch, das Davonlaufen von vornherein zu verhindern, indem es in jenem Augenblick, da man spürt, daß das Pferd sich entfernen möchte, schnell zu einem anderen, die Aufmerksamkeit des Pferdes fesselnden Spiel übergegangen wird.

Wie der aufmerksame Leser nun festgestellt haben wird, ist beim „Spiel" das Einfühlungsvermögen des Menschen ganz besonders gefragt.

Es gibt noch eine weitere Form der Beschäftigung mit Pferden, nämlich die im Augenblick sehr beliebten Zirkuslektionen. Auf diese wird hier nicht weiter eingegangen, weil sie in einigen Formen die Würde des Pferdes verletzen. Und gerade das wollen wir bei unserer Unterhaltung mit Pferden strikte vermeiden. Die gegenseitige Achtung ist ein ganz wichtiger Faktor. Wenn wir verlangen, daß das Pferd uns Respekt entgegenbringt, darf umgekehrt das Pferd dasselbe in Anspruch nehmen.

DER GEEIGNETE ORT

Um wirklich den Spaß, die Freude, das Vergnügen im Vordergrund stehen zu haben, ist die Wahl jenes Ortes ganz entscheidend, an dem wir uns mit unserem Pferd unterhalten wollen.

Dabei sind eine ganze Reihe von Punkten zu beachten:

Die eingezäunte Koppel, der Auslauf einer Offenstallhaltung, Orte, die dem Pferd vertraut sind, eignen sich besonders für die Auseinandersetzung mit Neuem.

- Die Sicherheit
- Ungestörtheit
- Keine Ablenkung
- Viele Möglichkeiten bietend

Die Sicherheit muß unbedingt an erster Stelle stehen. Da beim Spielen das Pferd nicht immer durch die „Nabelschnur" mit uns verbunden ist, sondern sehr oft auch allein agieren soll, kommt nur ein abgeschlossener Platz in Frage, aus dem das Pferd nicht entlaufen kann. Wobei es hier nicht um die Folgsamkeit des Pferdes geht, sondern um all die Gefahren die durch ein allein herumlaufendes Pferd für andere, aber ebenso für das Pferd entstehen können. Auch Pferde, die sehr artig sind, sich üblicherweise nicht selbständig aus dem Dunstkreis ihres Menschen entfernen, können durch einen unglücklichen Zufall erschrecken und in Panik davonstürzen. In solchen Fällen helfen keine Hooos! und andere Stimmkommandos des Menschen. Panik ist stärker als jeder Gehorsam. Dem Fluchttier Pferd sagt in diesem Fall der Instinkt: Lauf so schnell du kannst!

Als geeigneter Spielplatz kann also ein Halle dienen, ein sicher eingezäunter Reitplatz oder eine kleinere Koppel. Wobei immer auch die Tore geschlossen sein müssen.

Zur Sicherheit gehört auch, daß sich keine Gegenstände in diesem Raum befinden dürfen, die zu Verletzungen führen können, wie landwirtschaftliche Großgeräte oder auch Handwerkszeug (Heugabeln etc.), herumstehende Teile eines Hindernisparcours, Fahrzeuge usw..

Ungestörtheit ist ein ganz wichtiger Faktor. Pferde die auf der Nachbarkoppel stehen, dort herumgaloppieren oder

Die Sicherheit steht an erster Stelle

Jede von außen kommende Form der Störung schadet der Konzentration

auch nur gelegentlich wiehern, stören das Pferd ganz besonders, weil es sich immer als ein Teil der Herde fühlt und darum immer ein Ohr bei den anderen hat, um ja keine Gefahr zu übersehen.

Weil das Pferd nun einmal ein Herdentier ist, sollten wir dieser Tatsache ganz besonderes Augenmerk schenken. Bestenfalls sollte sich kein weiteres Pferd dort befinden, wo wir mit dem Pferd beschäftigt sind. Auch nicht in Sichtweite. Sonst führen wir in erster Linie einen Kampf um die Konzentration, statt uns ganz entspannt mit dem Pferd unterhalten zu können.

Ablenkung vermeiden

Auch Geräusche, die irgendwie bedrohlich wirken können, stören. Dazu zählen auch für uns Menschen vertraute Dinge wie startende oder bremsende Autos, Radiomusik ...

Sich bewegende Gegenstände, können gleichfalls stören oder das Pferd sogar in Panik versetzen wie herumflatternde Plastiksäcke, im Wind wehende oder gar knallende Fahnen oder Transparente, ein über die Koppel kullernder Futtereimer, ein im Wind tanzendes Stückchen Papier...

Ein Ort mit vielen Möglichkeiten

Diese Ängste wollen wir ja erst nach und nach im Spiel abbauen. Wo sie aber schon zu Beginn durch zu massiv auftretende negative Reize verängstigen, können wir unser Ziel nicht erreichen.

Zwar ist es einer der wichtigsten Gründe für das „Spielen", daß sich das Pferd auch an störende Geräusche oder optische Eindrücke gewöhnt. Allerdings sollte es an dies alles planmäßig herangeführt werden. So wird man sicher eines Tages ein Radiogerät aufstellen und unter Musikberieselung arbeiten. Wo ein Lautsprecher vorhanden ist, wird man diesen mit all seinen ekelhaften Nebengeräuschen gleichfalls

gelegentlich einbeziehen müssen. Auch flatternde Nylonplanen und ähnliches kommen nach und nach im Spielplan vor.

Doch alles zu seiner Zeit. Mit einem angesichts einer Unmenge verwirrender Eindrücke hysterisch herumlaufenden Pferd kann man nicht sinnvoll spielen.

Pferde sind, so wie kleine Kinder, leicht ablenkbar. Sie lassen sich ablenken, wenn ihnen eine Beschäftigung langweilig erscheint, sie werden abgelenkt, wenn sie eine Gefahr wittern.

Eine besonders beliebte Ablenkung ist das Grasen. Zwar gibt es die verlockend klingende Bezeichnung Spielwiese. Für unsere Zwecke dürfte allerdings die Wiese nicht unbedingt der geeignete Platz sein, denn sie bietet den entsprechenden Anreiz für den Dauerfresser Pferd, von der erwünschten Tätigkeit zu jedem Zeitpunkt abzuschweifen. Für die ersten Spielstunden sollte man also Übungsplätze wählen, auf denen keinerlei Freßbares vorhanden ist.

Der Spielplatz muß aber unbedingt viele Möglichkeiten bieten. Man sollte darin alles aufstellen können, was man zu den einzelnen Spielen braucht, wozu also unbedingt auch eine möglichst glatte Fläche vonnöten ist. Allzu steile Koppeln sind überhaupt nicht geeignet, weil das ständige Bergauf- und Bergabbewegen viel zu schnell ermüdet. Den Menschen wie auch das Pferd.

Bäume, die sich auf dem benützten Gelände befinden, kann man sehr gut gebrauchen, um allerlei daran zu befestigen.

Ein Bach, der ein Stück des Übungsplatzes durchfließt, bietet auch wieder viele Möglichkeiten.

Hat der Platz nicht gerade die Form eines Rechteckes, sondern ist unregelmäßig, mit Einbuchtungen und Engstellen versehen, kann man hier viel besser spielen. Ein flacher rechteckiger Platz verleitet dazu, immer am Rand entlangzugehen, was aber absolut nicht erwünscht ist.

WIE MACHE ICH MICH DEM PFERD VOM BODEN AUS VERSTÄNDLICH?

Im Reitunterricht hat jeder mehr oder minder erfolgreich gelernt, wie er seine Wünsche dem Pferd mittels Schenkel-, Zügel- und Gewichtshilfen mitteilt. Sich vom Boden aus dem Pferd verständlich machen, lernt er üblicherweise in der Reitschule nicht. Bestenfalls lernt er, wie er die Zügel zu halten hat, wenn er ein Pferd führt. Oftmals auch

das nicht, wenn man so beobachtet, wie Menschen ihre Pferde oder Pferde ihre Menschen durch die Gegend zerren.

> **Das Pferd informiert sich an der Körperhaltung des Menschen.**

Das wichtigste Verständigungsmittel ist die Körpersprache. Es ist aber auch jenes, das dem Menschen die größten Schwierigkeiten bereitet. Leichter fällt es dem Menschen da schon, mit dem Pferd zu sprechen. Gesprochenes Wort ist ein von ihm ja ständig praktiziertes Ausdrucksmittel. Allerdings finden es viele Menschen dumm, mit einem Tier zu sprechen. „Es kann mich ohnedies nicht verstehen!" meint er in seiner hochtrabenden Art. Pferde werden ja gerne für dumm gehalten.

Durch den Fotografen abgelenkt, übersieht Amica die Körpersignale, die ihr das Zurücktreten angeben und landet daher mit ihrem Maul in Doris' Gesicht. Zweijährige sind eben besonders leicht ablenkbar.

Doch hier irrt der Mensch. Pferde verstehen oft mehr von dem, was wir sprechen, als uns lieb ist. Pferde, die mit Menschen eng zusammenleben, erlernen so viel von ihrer Sprache wie ein Hund.

Eines Tages stehe ich mit einer Bekannten bei unserem Hengst Styx in der Box. Da kommt mein Mann vorbei und sagt: „Am Dienstag kommt die Stute vom Norbertinum zum Decken!"

Kaum hat mein Mann dies gesagt, hebt der Hengst den Kopf, wird als ganzer um gut einen halben Meter größer, tänzelt aufgeregt herum und schlaucht aus. Er hat sehr wohl verstanden, daß hier eine Stute zum Decken kommt. Nicht verstanden hat er, daß dies erst am Dienstag der Fall sein wird. Dieses Beispiel zeigt sehr deutlich, daß Pferde den einfachen Sinn verstehen können, nicht aber die Feinheiten, die sich auf Vergangenes oder Zukünftiges, auf Mögliches oder Unwahrscheinliches beziehen. Obwohl solche Begriffe, isoliert verwendet, auch für das Pferd ihren Sinn bekommen können. Die Stute, die etwas zu früh erscheint, um ihr Kraftfutter zu konsumieren, weil in der Box einstweilen noch ein anderes Pferd seine Pellets verzehrt, versteht sehr wohl, wenn wir ihr sagen „Später!" Sie verschwindet wieder aus dem Stall und frißt zufrieden draußen weiter vom Heu.

> **Stimmliche Kommandos bereiten dem Menschen keine Schwierigkeiten. Komplizierter wird es mit der Körpersprache.**

Wer also viel mit seinem Pferd spricht, verschafft sich dadurch einen großen Vorteil. Er kann sein Pferd allmählich auch durch gesprochenes Wort lenken. Das erweist sich vor allem dann als besonders günstig, wenn der Mensch von seinem Pferd durch irgendein Hindernis nicht gesehen werden kann. Seine Stimme dringt noch allemal zu dem Pferd und er kann es so steuern. In dieser Hinsicht ist das gesprochene Wort der Körpersprache überlegen.

Auch wenn der Mensch neben seinem Pferd hergeht, ist er von diesem nicht als Ganzes wahrnehmbar, so daß die Körpersprache manchmal nicht ganz funktioniert.

Auf das gesprochene Wort als Verständigungsmittel kann man also nicht verzichten. Darum ist es eigentlich unverständlich, weshalb so viele Menschen sich dieser simplen Form der Kommunikation nicht bedienen.

Besonders wichtig ist es, daß das Pferd gewisse einfache Kommandos verstehen lernt. Dafür wählt man typische Wörter aus, die möglichst gut zu unterscheiden sind. Ähnlich klingende Wörter mit ganz unterschiedlicher Bedeutung könnten zu unliebsamen Mißverständnissen führen.

Zunächst sollte man für ein und dieselbe Reaktion immer dasselbe Kommando wählen. Will man das Pferd zum Anhalten bringen, wird man sich zwischen „Halt!", „Stop!", „Hoho!'" oder „Whoa!" entscheiden und zum Beispiel stets das Kommando "Halt!" verwenden. Erst bis dieses Kommando immer funktioniert, kann man auch abwechselnd die anderen verwenden. Pferde begreifen dann sehr schnell, daß alle diese Wörter dasselbe bedeuten. Pferde lernen ja auch sehr schnell die fremd-sprachigen Kommandos der wechseln-den Pferdepfleger unterschiedlichster Nationalität verstehen.

Man darf das Pferd nicht mit seinen Stimmkommandos überfallen, denn es ist kein Automat, der auf Knopfdruck funktioniert. Darum wird man es zunächst auf das folgende Kommando aufmerksam machen, indem man etwa sagt „Und. .!" oder „Vorsicht...!" oder „Aufpassen...!" . So vorgewarnt, kann das Pferd auf das Kommando rasch rea-gieren.

Wir sollten auch ein offenes Ohr für das haben, was uns das Pferd mitteilen will. Manche Pferde sind dabei sehr findig, wenn es darum geht, uns ihre Wünsche mitzuteilen.

Junior war längere Zeit nur von Belinda geritten worden, was ihm sehr gefiel, weil sie nicht nur staatlich geprüfter Instruktor, sondern eine wirklich einfühlsame Reiterin ist. Nun saß aber eines Tages ein Anfänger in seinem Sattel und wurde von Belinda unterrichtet. Belinda auf dem Boden und ein Fremder im Sattel? Nachdem Junior dies eine Weile artig ertragen hatte, senkte er unerwartet den Kopf zu Boden und lud seinen Reiter über die Halsrutsche sanft auf den Reit-platzboden ab. Dann marschierte er zufrieden zu Belinda hinüber, stupste sie an und sagte: „So, und jetzt steigst du wieder auf!"

Die Bemühungen der Pferde, uns zu verstehen, sind enorm. Ein wenig Ver-ständnis von unserer Seite dürften sie dafür schon erwarten.

Wenn wir imstande sind, unsere Pfer-de zumindest teilweise zu verstehen, wird die Zusammenarbeit mit ihnen wesentlich gedeihlicher verlaufen.

Über das für unsere Lernspiele besonders wichtige Verständigungs-mittel der Körpersprache des Men-schen sprechen wir ausführlicher bei der Spielform 2.

DAS ARBEITSGERÄT

Was braucht man nun für die Lernspie-le an Ausrüstungsgegenständen? Im Prinzip so gut wie gar nichts.

Für die Spielform 1 wäre nicht ein-mal ein Stallhalfter nötig.

Bei der Spielform 2 ist ein gut sit-zendes Stallhalfter, ein Führseil und eventuell eine Dressurgerte nötig. Das ist auch schon alles, soweit es die Aus-rüstung von Pferd und Mensch betrifft.

Das Halfter

Das Stallhalfter sollte das übliche sein, an welches das Pferd schon gewöhnt ist. Günstig wäre es, wenn es über eine Schnalle mit Dorn verfügt, weil es sich dann nicht im unpassenden Zeitpunkt von selbst öffnen oder auch nur weiter werden kann.

Das Führseil

Das Führseil sollte weich in der Hand liegen, im Interesse des Men-schen. Schlaufen sind unerwünscht, weil sie dazu verleiten, die Hand durchzustecken, was absolut gefährlich sein kann. Bewährt hat sich allerdings, am Ende des Seils einen Knoten zu machen, damit man das Seil sicher hal-ten kann. Bei Gefahr genügt dann ein Öffnen der Hand, um das Seil loslassen zu können. Ob das Führseil ein Seil oder ein Führzügel ist, ist nicht so wichtig. Jeder mag nehmen, was er gewohnt ist. Ob der Führzügel eine Kette hat, ist ebenso ohne Bedeutung.

Ganz wichtig ist, daß wir das Pferd niemals am bloßen Halfter führen. Ein nur etwas gröberer Ruck des Pferdes hat schon öfter zu Schulterluxationen geführt, als man glauben möchte. Daher stets den Führstrick oder Führzügel einklinken und das Tier an diesem führen. Auch wenn es sich nur um ein paar Schritte handelt.

Bei unseren Spielen wickeln wir niemals die Kette nach Tellingtonart um den Nasenriemen des Halfters. Der Führstrick dient nur als Nabelschnur, als lose Verbindung zwischen Mensch und Pferd und sollte in der Regel auch ganz locker durchhängen.

Die Gerte

Die Gerte ist kein absolut notwendiger Bestandteil der Ausrüstung. Gebraucht wird sie vor allem bei sehr großen Pferden als Verlängerung des menschlichen Armes. Überhaupt dient die Gerte niemals zur Bestrafung, sondern nur, um Signale zu geben.

Belohnung und Strafe

Jene Ausrüstungsgegenstände, die für die einzelnen Spiele gewissermaßen als Spielmaterial notwendig sind, erwähnen wir jeweils unmittelbar an Ort und Stelle.

BELOHNUNGEN

Eine Belohnungs-tasche, in der sich Leckerlis befinden, sollte immer dabei sein. Diese Tasche etwa kann man sich bequem um die Taille schnallen.

Belohnungen in Form von Brot, Karotten, Zucker oder Leckerli sind in der Arbeit mit Pferden sehr umstritten.

Das ist eigentlich unverständlich, zeigt aber, daß die meisten Pferdeleute leider nur wenig oder gar keine Ahnung von Verhaltensmodifikation haben. (Unter Verhaltensmodifikation verstehen wir in erster Linie das, was Lernen oder Verlernen unter Beachtung lernpsychologischer Gesetzmäßigkeit betrifft.)

Um zu Erlernendes klar zu machen, einzuüben und zu festigen ist eine jeweilige Rückmeldung an den Lernenden nötig, damit dieser weiß, ob er auf dem richtigen Weg ist oder irrt.

Dies kann in der Verhaltensmodifikation auf mehrere Weise geschehen:

> dadurch, daß man bei **Irrtum eine Bestrafung setzt**

> dadurch, daß man bei **Richtig eine Belohnung gibt**

> dadurch, daß man sowohl **Richtiges belohnt** als auch **Falsches bestraft.**

Dabei muß die Bestrafung immer sogleich auf das Fehlverhalten folgen. Ganz egal, ob es sich um Mensch oder Tier handelt. Wenn der Schüler einen Rechtschreibfehler macht, könnte man ihm etwa einen Klaps auf die Finger geben, wenn er das schwere Wort richtig schreibt ein Zuckerl oder einen Gutpunkt zukommen lassen.

Eingehende Untersuchungen haben jedoch zutage gebracht, daß die wirkungsvollste Version jene ist, Falsches zu ignorieren, Gutes aber zu belohnen.

Verhaltensschwierigkeiten wurden so schneller gebessert, Lernerfolge rascher und nachhaltiger erzielt.

Was eigentlich jedem Pferdebesitzer, der mit seinem Pferd etwas schnell und eher problemlos erreichen will, klarmachen sollte, wie wichtig Belohnungen sind. Gute Ausbilder haben das schon immer gewußt.

Da unser Spiel mit Pferden ja einen gewissen Lerngehalt hat, sind auch hier in manchen Situationen Belohnungen sinnvoll.

Dabei können Belohnungen sehr oft ganz von selbst als Erfolgsprämie für richtiges Verhalten zum Vorschein kommen, wie wir bei manchen Spielen der Gruppe 1 noch sehen werden.

Die Sicherheit in der Herde gibt dem einzelnen Pferd den Mut, sich an Neues heranzuwagen, während die restlichen Herdenmitglieder aus der Ferne die Szene aufmerksam verfolgen.

ARBEITEN IN DER PFERDEGRUPPE

Wenn wir Pferde dazu anleiten, sich mit Anreizen auseinanderzusetzen und Probleme zu lösen, kann dies sowohl mit einem Pferd allein oder aber mit einer ganzen Pferdegruppe gleichzeitig geschehen.

Wenn wir mit einer Pferdegruppe arbeiten, vielleicht mit einer natürlich gewachsenen Herde, einer Familiengruppe oder den Pferden einer Offenstallherde, dann wird dies ganz anders vor sich gehen, als wenn wir nur mit einem einzigen Pferd arbeiten.

Eine Pferdegruppe hat eine gewisse Gruppendynamik, die einerseits von der Stellung der einzelnen Individuen in der Gruppe abhängt, andererseits aber auch von geschlechtsspezifischen Eigenarten, vom Alter und schließlich auch von den unterschiedlichen Charakteren der Einzeltiere.

Die Frage, ob es besser wäre mit jedem Tier einzeln zu arbeiten, oder ob man besser die ganze Gruppe beisammen läßt, kann so nicht allgemeingültig beantwortet werden. Hier spielt eine ganze Zahl von entscheidenden Punkten mit. Im Endeffekt wird man wohl beide Möglichkeiten ins Auge fassen und sie abwechselnd, aber auch dem vorgesehenen Ziel entsprechend auswählen.

Die Arbeit in der Gruppe gibt den einzelnen Pferden die Möglichkeit, sich aus dem sicheren Rückhalt der Pferdegesellschaft heraus mit Neuem auseinanderzusetzen. Das macht sie sicherer, hebt ihr Vertrauen, bietet ihnen die Chance, gefährlich Erscheinendes zu meiden, die Erkundung Mutigeren zu überlassen und sich erst dann, wenn sich die Ungefährlichkeit herausgestellt hat, ebenfalls zu beteiligen. Vor allem bei der Spielform 1 wäre eine Arbeit mit Gruppen durchaus interessant.

Die Gruppe eröffnet aber den feigeren Naturen auch die Möglichkeit, sich

Sicherheit in der Gruppe

vor jeder Auseinandersetzung zu drücken, sich in den Schutz der Herde zurückzuziehen und selbst gar nichts zu unternehmen.

Wenn man einer Pferdegruppe bei der Auseinandersetzung mit Neuem zusieht, kann man ganz deutlich feststellen, daß es immer wieder dieselben Pferde sind, die den Mut aufbringen näherzukommen. Und es sind auch immer wieder dieselben, die zögernd nachfolgen und erst nach einer Weile, sobald sie entdeckt haben, daß keine Gefahr besteht, sich dazugesellen. Und es sind auch immer dieselben, die aus sicherer Entfernung den Mutigen zusehen und alles wie einen Film vor sich abrollen lassen. Das bedeutet allerdings nicht, daß sie dabei nichts lernen. Denn es wird viel zu wenig beachtet, daß Pferde auch durch Zusehen lernen.

Deshalb ist es eben auch ganz wichtig, mit den Tieren einzeln zu arbeiten, weil dann ihr ganz persönlicher Einsatz gefordert ist. Es mag dann deutlich länger dauern, bis sie sich, so sie zu den unsicheren Typen gehören, dem frem-

Einzelarbeit macht selbständig

den Element nähern. Der Mensch muß oft eine gehörige Portion Geduld aufbringen und abwarten können, muß ermuntern, locken, einfühlsam zum Näherkommen auffordern. Und jeden Schritt in die gewünschte Richtung loben.

Da Pferde beim Sport in der Regel nicht den Schutz der Herde genießen, sondern oft auf sich allein gestellt sind, ist gerade die Fähigkeit, sich ohne Angst selbständig mit Neuem auseinanderzusetzen besonders wichtig. Auch für die Teilnahme an einer Schau, einer Körung, aber ebenso für einen Ausritt allein ist es besser, daß das Pferd gelernt hat, Neues zu akzeptieren und

darauf zu vertrauen, daß es in seiner Umwelt kaum wirklich Gefährliches gibt.

Das Arbeiten in einer Pferdegruppe birgt allerdings auch für den Menschen gewisse Schwierigkeiten und Gefahren.

> **Der Mensch in der Pferdegruppe muß besonders aufmerksam und vorsichtig sein.**

Zunächst einmal kann er in der Gruppe niemals alle Pferde unter Kontrolle haben und sie so dirigieren, wie es nötig wäre. Infolgedessen kann es auch passieren, daß er während seiner Tätigkeit Verletzungen erleidet. Selbst bei den artigsten und den Menschen voll respektierenden Tieren kann dies passieren, weil der Mensch unfreiwillig in das Rencontre zwischen zwei Pferden geraten kann. Die Reaktionen eines oder mehrerer Pferde auf eine ihnen dargebotene neue Situation kann nicht im voraus kalkuliert werden. Heftige Reaktionen wie Flucht, Aggression, Übermut sind durchaus möglich und können für einen nicht darauf gefaßten Menschen durchaus gefährlich werden.

Deshalb sollte man in solchen Fällen immer die entsprechende Vorsicht walten lassen, das heißt, andere, herdenfremde Personen nicht mit in den Arbeitsbereich hineinnehmen, sondern diese, so sie an dem Geschehen interessiert sind, abseits, in einer zwar zum Beobachten günstigen, aber dennoch sicheren Position unterbringen.

Alle anderen, gewissermaßen dazugehörenden Personen inklusive der Kinder sollten schon so gut instruiert sein, daß sie ihre Augen überall haben und Gefahren schnell erkennen, aber auch wissen, wie sie sich in solchen Fällen zu verhalten haben.

Niemals sollte man darauf vertrauen, daß Pferde einen Menschen nicht umrennen. In einer Herde kann das einzelne Pferd da keine Rücksicht nehmen, wenn es von hinten durch andere Pferde weitergeschoben, zur Seite gedrängt, gebissen oder von Hufen bedroht wird. Wenn sich eine Pferdegruppe flott in Bewegung setzt, ist der sicherste Platz für Mitarbeiter oder andere Dazugehörige stets an einer Wand oder im Schutz eines dickeren Baumstammes oder Strauches. Und es ist wahrlich keine Schande, sich dahin zurückzuziehen, eher ist es manchmal ein Zeichen von Dummheit, Gefahren nicht zu erkennen oder zu ignorieren.

Die Arbeit mit einer Pferdegruppe macht allerdings nur bei der Spielform 1 Sinn, nicht aber bei Spielform 2, wo es vorrangig auf das Zusammenspiel zwischen Mensch und einem bestimmten Pferd ankommt.

SPIELFORM 1:
DAS PFERD SETZT SICH MIT ANREIZEN AUSEINANDER

Mit Pferden spielen bedeutet nicht immer, gemeinsam mit ihnen in Aktion zu sein.

So stellt es gewiß eine für das Pferd besonders positive Form des „Spielens" dar, wenn es sich selbständig mit Gegenständen und Situationen auseinandersetzen muß und dabei eigentlich nicht auf unsere Hilfe rechnen kann.

Diese Spielform hat 4 Ziele:

- Angst abbauen
- Neugier wecken
- Lernen, sich mit Dingen und Situationen auseinandersetzen
- Problemlösungen finden

DIE SICHERHEIT IN DER HERDE

Sorgen machen muß sich nur der Boss

Pferde sind von Natur aus schreckhafte Lebewesen. Das ist völlig natürlich, weil sie freilebend ständig auf der Hut vor Beutegreifern sein müssen, die ihnen nach dem Leben trachten. Und das bedeutet, daß sie schon auf die leisesten Veränderungen in ihrer Umgebung reagieren müssen.

Ob schnellste Flucht angesagt ist, das weiß in der natürlichen Herde die erfahrene, ältere Leitstute. Grast sie friedlich weiter, kann auch der Rest der Herde beruhigt sein. Wahrscheinlich ist nur ein Blatt vom Baum gefallen oder ein harmloses Vögelchen im Gebüsch aufgeflogen. Nähert sich aber ein Beutegreifer (Löwe, Tiger, Gepard oder anderes todbringendes Getier), dann setzt sich die Leitstute in schnellstem Tempo in Bewegung. Und alle Herdenmitglieder folgen ihr, so schnell sie können. Die Nachhut bildet der Herdenhengst, der dafür zu sorgen hat, daß niemand zurückbleibt. Zu langsame Tiere werden durch nachdrückliche Bisse ins Hinterteil von ihm zu schnellerem Tempo angetrieben.

Unsere Pferde leben meist nicht in einer Herde. Sie genießen nicht die Sicherheit, die eine routinierte Leitstute bietet. Sie sind auf sich selbst angewiesen, was für viele Pferde ein großes Problem bedeutet. Jedes Pferd, auch das einzeln in seiner Box lebende, hat nämlich eine ziemlich genaue Vorstellung von dem Rang, den es in einer Herde einnehmen würde. Und es verhält sich dementsprechend:

Das sich hochrangig fühlende Pferd würde von Natur aus sich immer mit seiner Umwelt und neuen oder veränderten Umständen auseinandersetzen, ohne dabei in Panik zu geraten. Solche Pferde sind für den Besitzer sehr angenehm, weil sie weder schreckhaft sind, noch bei jeder Gelegenheit ängstlich reagieren. Ausritte werden nicht zum Problem, wenn plötzlich ein Mähdrescher vorbeifährt, eine Blasmusikkapelle einen Tusch anstimmt, Fahnen im Wind knallen oder eine Kavalkade wildgewordener Ausreiter entgegenkommt.

Pferde, die immer nur Mitläufer wären, sich irgendwo ihm Herzen der

Herde oder ganz am Ende der Rangordnung aufhalten würden, hätten es nicht nötig, und wären auch gar nicht daran interessiert, sich Gedanken über Sicherheit und mögliche drohende Gefahren zu machen. Da sie aber keine Herde als Schutzmantel um sich haben und keine Herdenchefin, die ihnen sagt, was gefährlich ist und was nicht, leben sie in ständiger Angst, der Beutegreifer könnte plötzlich auftauchen und sie fressen. Daß es bei uns keine Tiere gibt, die einem Pferd gefährlich werden können, ist da kein Argument. Der Instinkt ist stärker.

Da es logischerweise weniger sich hochrangig fühlende Pferde gibt als Mitläufer, ist auch die Anzahl ängstlicher Pferde sehr groß.

Selbstverständlich sind auch Pferde, die üblicherweise in einer Herde leben, stark verunsichert, wenn sie aus irgendwelchen Gründen (Turnierteilnahme, Stutenschau, Hengstanerkennung etc.) aus ihrer Herde herausgenommen und vorübergehend in eine ihnen fremde Umgebung versetzt werden. Die Leitstute macht sich da natürlich keine Gedanken. Sie ist die Selbstsicherheit in Person, selbst auf dem Turnierplatz oder beim Faschingsumzug. Auch ihre Stellvertreterin und die eine oder andere Jungstute, welche die Anlage zu einer Herdenchefin in sich trägt, verkraften diese vorübergehende Trennung von der Herde ganz gut. Probleme machen auch hier wieder die Mitläufer, die sich immer auf ihre Leitstute verlassen haben und nicht imstande sind, sich ganz plötzlich selbständig mit der Umwelt auseinanderzusetzen. Jedes Geräusch, jede schnelle Bewegung in ihrer Umgebung, jeder unbekannte Gegenstand

bedeuten für sie höchste Gefahr.

Zum Glück gibt es auch noch jene Unbedarften, denen alles egal zu sein scheint, die gedankenlos und ohne Schwierigkeiten zu machen an Neuem und an gefährlich Aussehendem vorbeimarschieren. Diese Stoiker sind, wenn es auf gemütliche Ausritte ankommt, für den Durchschnittsreiter sehr angenehm. Nur gibt es von dieser Sorte verhältnismäßig wenige.

Je mehr ein Pferd in seinem Leben gesehen hat, je mehr Erfahrungen es gemacht hat und je weiter es herumgekommen ist, desto weniger wird es sich durch Ungewohntes aus der Fassung bringen lassen.

Um den Erfahrungsschatz des Pferdes zu erweitern und es dazu zu erziehen, sich mit Neuem ruhig auseinanderzusetzen, nützen wir diese erste unserer Spielversionen: „Sich mit Neuem auseinandersetzen".

WIE PFERDE AUF NEUES REAGIEREN

Auf Neues, Unbekanntes können Lebewesen, der Mensch mit eingeschlossen, auf verschiedene Art reagieren: durch Ignorieren, durch Neugier, durch Angst oder abgeklärt und erfahren.

Alles Unbekannte macht Angst.

Wie sieht dies beim Pferd aus?

So wie der Mensch reagieren auch nicht alle Pferde in gleicher Weise auf Unbekanntes. Zumeist wird vorausgesetzt, daß Pferde beim Anblick von Ungewohntem in Panik geraten und

Auch vorwiegend in Boxen gehaltene oder im Offenstall lebende Pferde verhalten sich noch wie freilebende

Ohne Schutz der Herde erscheint alles gefährlich

die Flucht ergreifen. Ein logischer Schluß, weil das Pferd doch als Fluchttier gilt. Allerdings gibt es verschiedene Pferdetypen. Ihr Verhalten stammt aus uralten Zeiten, wurde von den wildlebenden Vorfahren als Anpassung an deren speziellen Lebensraum entwickelt und, da ja nur die wirklich Angepaßten überlebten und sich vermehren konnten, bis in unsere Zeiten weitervererbt.

Wir können deshalb drei verschiedene Reaktionsweisen unterscheiden.

> **1. Das Pferd gerät beim Anblick von Unbekanntem oder unerwarteten Geräuschen oder Bewegungen in der Umgebung in Panik, macht einen Riesensprung zur Seite oder läuft überhaupt in Panik davon.**

> **2. Das Pferd erstarrt zur Salzsäule und rührt sich nicht mehr. Es ist kaum möglich, es vorwärts oder auch rückwärts in Bewegung zu setzen. Am ehesten aber tritt es den Rückzug an.**

> **3. Das Pferd verhält sich abwartend, ohne Anzeichen von Panik, und nimmt den Gegenstand oder die Geräuschquelle zuerst aus sicherem Abstand in Augenschein, um sich dann näher heranzubewegen und neugierig mit gespitzten Ohren das Objekt in Nasen- und Augenschein zu nehmen.**

Zweifellos würde jeder Mensch am liebsten ein Pferd der letzteren Art besitzen. Allerdings gibt es kaum mehr reine Typen. Haben die Tiere doch möglicherweise von Papi das Davonlaufen und von Mami das Erstarren zur Salzsäure geerbt und bringen nun abwechselnd die eine oder die andere Version in Anwendung. Vielleicht hat eine Großmutter oder ein Großvater auch noch das ruhige Auseinandersetzen mit Neuem mit vererbt. Dann darf der Mensch sicher sein, daß er niemals voraussagen kann, wie sich sein Pferd beim nächsten Holzstoß oder dem flatternden grünen Plastiksack oder beim Erscheinen eines Langläufers im bunten Dress verhalten wird.

Man darf auch nicht als sicher annehmen, daß ein Pferd, das den Holzstoß am Waldweg durch mehrmaliges Vorbeireiten nun gut kennt, in Zukunft keine Probleme mehr damit haben wird. Vielleicht ist der Holzstoß in der Zwischenzeit vergrößert oder verkleinert worden. Für das Pferd ist es nun nicht mehr derselbe Holzstoß, sondern ein völlig anderer. Der könnte doch gefährlich sein?! Also wieder dieselben Verhaltensformen wie beim erstenmal: Flucht, Erstarren, neugieriges Auseinandersetzen.

Ein Abstrahieren, wie es beim Mensch stattfindet, kennt das Pferd nur bedingt. Wenn der Mensch erkannt hat, daß ein Regenschirm ungefährlich ist, sind für ihn in Zukunft alle Regenschirme ungefährlich. Nicht so beim Pferd. Eine Geschichte, die gern die Runde macht, gibt diese Situation deutlich wieder. Es ist die Geschichte von den 20 blauen Regenschirmen. Sie variiert ein bißchen von Erzähler zu Erzähler. Einmal sind es zwölf Regenschirme, dann wieder fünfundzwanzig, einmal sind sie rot, dann wieder grün oder schwarz. Aber der Inhalt ist allemal derselbe. Und: Se non è vero è ben trovato, was zu gut Deutsch soviel heißt wie: Und wenn sie nicht wahr ist, so ist sie doch gut erfunden:

Ein Reiter hatte sein Pferd so weit ausgebildet, daß er nun plante, an Turnieren teilzunehmen. In weiser Voraussicht wollte er darum sein Pferd nicht nur reiterlich gut ausbilden, sondern auch auf alles Drumherum vorbereiten, um keine negativen Überraschungen zu erleben. So trachtete er, sein junges, ein wenig schreckhaftes Pferd an den Anblick all jener Dinge zu gewöhnen, die auf einem Turnierplatz auftauchen und es in Unruhe versetzen könnten.

Da allgemein bekannt ist, daß Regenschirme den meisten Pferden nicht ganz geheuer sind, beschloß besagter Mann, während des Trainings immer wieder seine Frau mit einem aufgespannten Regenschirm am Rande des Vierecks zu plazieren.

Doch eines Tages schoß dem Mann urplötzlich der Gedanke durch den Kopf: Wenn es regnet, steht ja nicht nur ein einzelner Mensch mit Regenschirm am Rande des Turnierplatzes, sondern eine ganze Menge. Also beschloß er, eine größere Anzahl von regenschirmbewehrten Leuten rund um den Platz zu gruppieren. Er fand in einem Kaufhaus ein günstiges Angebot: 20 blaue Regenschirme zu einem Sonderpreis.

Und von da an gab es kein Training mehr ohne 20 blaue Regenschirme am Vierecksrand. Nachdem es beim erstenmal beim Anblick der blauen Regenschirmphalanx regelrecht in Panik geraten war, gewöhnte sich das junge Pferd allmählich an den Anblick und zog artig und elegant seine Runden, ohne den geringsten Mucks.

Darum war unser Reitersmann auch sehr froh über sein kluges Vorgehen und besten Mutes, als es am Turniertag tatsächlich regnete und zwar nicht viele, aber doch etliche Zuschauer mit Regenschirm das Viereck umlagerten. Seiner Sache absolut sicher, ritt er ein und nahm zum Gruß Aufstellung.

Doch es kam ganz anders, als er glaubte. Kaum war der Reiter in das Viereck eingeritten, erspähte das Pferd - wie entsetzlich! - einen roten Regenschirm und schließlich gar einen gelbgrün gestreiften, einen schwarzen und einen mit roten Figuren auf weißem Grund. Das war zuviel für seine Nerven. Diese roten, grün-gelben, schwarzen und weiß Gott wie farbigen Dinger erschienen ihm als wahre Ungetüme, die sein Leben bedrohen wollten. Aus war es mit aller Gelassenheit. Einen roten oder einen grüngelben Regenschirm hatte es nie zuvor gesehen. Da blieb nur schleunigste Flucht! Und so raste es in Panik dem Ausgang zu und setzte mit dem nun gleichfalls in Panik geratenen Reiter über den Absperrungsbalken.

Diese Geschichte, zumindest klug erdacht, zeigt etwas ganz Wesentliches: Pferde können nicht so schnell abstrahieren wie der Mensch. Für das Pferd ist ein blauer Regenschirm etwas ganz anderes als ein roter. Wenngleich es weiß, daß blaue Regenschirme ungefährlich sind, könnte der rote doch irgendein heimtückisches und gefährliches Biest sein. Erst wenn es viele, viele Male mit Regenschirmen verschiedenster Farbe und unterschiedlichsten

Die Geschichte von den 20 blauen Regenschirmen

Aussehens und an wechselnden Stellen Bekanntschaft gemacht hat, wird es Regenschirme ganz allgemein als ungefährlich akzeptieren.

Ein anderes Beispiel: In einem Hof, den die Pferde täglich überqueren müssen, lehnt eine orangefarbene Plastikkiste an der Wand. Nach anfänglichem Zögern gehen alle Pferde anstandslos an dieser Kiste vorbei, und bald scheinen sie diese überhaupt nicht mehr wahrzunehmen. Doch eines Tages macht ein Pferd, als es von seiner Besitzerin über den Hof geführt wird, ein schreckliches Theater. Mit allen Anzeichen der Furcht, versucht es, wieder in den Stall zurückzulaufen. Des Rätsels Lösung, die gar nicht so schnell gefunden wurde: Die orangefarbene Plastikiste lehnte, aus unerfindlichen Gründen, an diesem Tag an der gegenüberliegenden Wand. Das heißt: Ein Gegenstand, der längst als harmlos erkannt war, wurde sofort wieder verdächtig, nur weil er seinen Standort verändert hatte.

Mit vielen guten Ideen das Pferd weniger ängstlich und dafür klüger machen

> **Jede geringste Veränderung macht etwas Bekanntes wieder zum gefährlichen Objekt.**

Eine andere Farbe, eine andere Form, eine andere Größe, ein anderer Standort ist jederzeit ein Grund, etwas zumindest mit Mißtrauen zu betrachten.

Je mehr Erfahrungen mit unterschiedlichsten Dingen und Situationen jedoch ein Pferd gesammelt hat, desto eher vertraut es darauf, daß ihm der Mensch nur Ungefährliches darbietet. Es gerät auch bei absolut Neuem nicht mehr in Angst und Schrecken.

Eines Regentages hatte ich beschlossen, meine Offenstallherde mit dem Regenschirm bekanntzumachen. So erschien ich mit dem aufgespannten Schirm zur Fütterung. Die damals schon gut zwanzig Jahre alte Leitstute, die wie alle anderen Herdenmitglieder noch nie zuvor einen Schirm gesehen hatte, kam sofort zu mir und fraß unter dem Regenschirm ihre Kraftfutterportion aus dem ihr vorgehaltenen Kübel, als hätte sie dies schon jahrelang getan. In der Zwischenzeit verharrten die anderen Herdenmitglieder in sicherem Respektsabstand von gut 15 Metern mit hoch erhobenem Kopf und gespitzten Ohren, jederzeit zur Flucht bereit. Selbst der Anblick der ruhig unter dem Schirm fressenden Leitstute konnte sie nicht zum Näherkommen bewegen.

Als ich einige Gäste erwartete, mit denen ich mich inmitten der Koppel niederlassen wollte, und dafür extra einige der gerade modernen und preisgünstigen weißen Kunststoffstühle erstanden hatte, wollte ich kein Risiko eingehen und meine Pferde rechtzeitig an die weißen Stühle gewöhnen. So holte ich also, während die Pferde im Stall ihr Heu verzehrten, einen der weißen Stühle in die Koppel herein und ließ mich darauf nieder. Schließlich kamen ein paar neugierige Pferde aus dem Stall, um zu erkunden, was ich hier wohl in der Koppel mache. Mich hier sitzen sehen war schon etwas ungewohnt, aber kein Problem. Sie umstanden mich, schnupperten an mir herum und an dem Stuhl, den ich zum Großteil verdeckte und ihnen nur vier weiße Beine und die Lehne zum Beriechen freiließ. Sie hatten offensichtlich keine Probleme damit.

Als ich mich dann vom Stuhl erhob und er so in seiner ganzen ungewohnten Weiße sichtbar wurde, ergriffen alle Pferde schleunigst die Flucht.

Noch viel interessanter war mein Versuch mit einem Regenschirm. Ein harmloser alter, von irgendwem ererbter gestreifter Schirm, schon nicht mehr voll funktionsfähig, war in geschlossenem Zustand ein zwar interessanter, aber absolut harmloser Gegenstand. Er wurde intensiv berochen. Ein Pferd nach dem anderen erschien, um das Ding in Augenschein zu nehmen. Eine absolut bedeutungslose Angelegenheit.

Leben in die Sache kam erst, als ich plötzlich den Schirm aufspannte. Amica, die neugierige Zweijährige, hatte eben an dem Schirm herumgerochen und offenbar überlegt, ob er wohl auch zu fressen wäre. Aber als ich das Ding entfaltete, waren all ihr Mut und ihre Neugier verflogen. Sie sprang mit einem Satz zur Seite und suchte im Laufschritt Zuflucht in der Herde. Schließlich wiederholte ich mein Experiment bei einer Gruppe von friedlich ihr Grünfutter verzehrenden ahnungslosen Pferden.

Daß ich mich mit einem geschlossenen Regenschirm näherte, interessierte sie überhaupt nicht. Dann öffnete ich den Schirm mit einem Ruck, was leider nicht ganz überzeugend gelang, weil der Schirm sich in seine Bestandteile aufzulösen begann.

Die Reaktionen waren unterschiedlich: Einige fraßen friedlich weiter und ignorierten das Ereignis völlig, weil ja Fressen und Angsthaben zwei nicht vereinbare Reaktionen sind. Ein paar andere aber hoben erschrocken die Köpfe und machten sich fluchtbereit.

Da meine Pferde von den Kursen her schon allerlei Überraschungen gewöhnt sind, schadete diese Episode meinem Ruf nicht, doch hätte es bei weniger abgehärteten Pferden schon sein können, daß ich bei ihnen für den Rest des Tages als eine unzuverlässige Person gegolten hätte, vor der man sich besser in acht nimmt.

Vertrauensvoll und interessiert nimmt Amica den geschlossenen Regenschirm in Augenschein.

Der sich plötzlich entfaltende Regenschirm veranlaßt die neugierige Zweijährige zu einem eiligen Satz zur Seite.

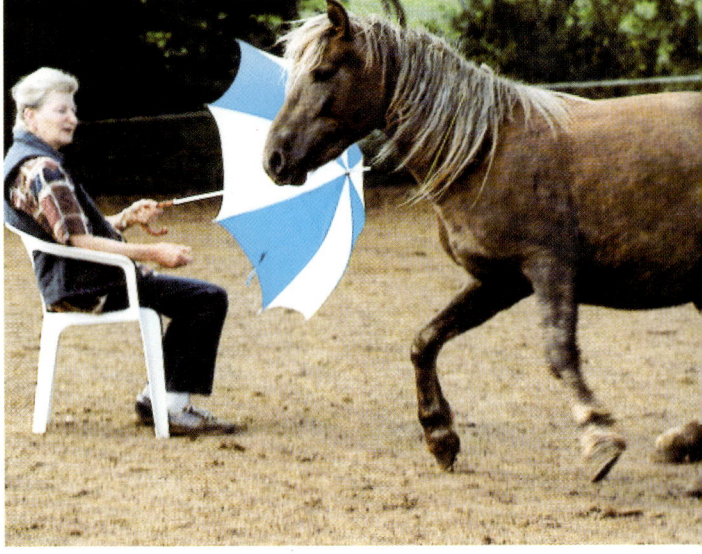

Die Pferdegruppe wird mit einem Regenschirm konfrontiert. Während einige ruhig weiterfressen, erschrecken jene, die nicht gerade fressen, ganz sichtlich.

Panik steckt an. Nun sind auch die restlichen Pferde nervös geworden und verlassen den Futterhaufen.

Besonders bedrohlich erscheinen Pferden Geräusche, deren Ursache sie nicht wahrnehmen können wie etwa eine Motorsäge im Wald, ein knarrender Ast im Gebüsch, quietschende Bremsen eines nicht sichtbaren Autos oder auch Laute von ihnen nicht bekannten Tieren ...

Auch bewegte Dinge, und wären sie

noch so klein, können ein Pferd in Panik versetzen. Der berühmte im Winde über den Boden flatternde Papierfetzen, den der Reiter gar nicht wahrnimmt, ist ein ganz typisches Beispiel. Viele Pferde werden bei Wind sehr unruhig, weil die sich bewegenden Äste und alles was herumfliegt, sie an den Beutegreifer gemahnt, der sie bedroht und dem man nur durch schleunigste Flucht oder durch zur Salzsäule Erstarren entkommen kann.

Wenn also ein Pferd nur durch lange Gewöhnung und häufige Konfrontation mit diversen Reizen seine Angst ablegen kann, so ist eine Art Anti-Angst-Training in Form von Lernspielen gewiß sehr zweckmäßig. Und dieses könnte in Form der von uns hier vorgeschlagenen Spielform 1 geschehen: Das Pferd wird mit Reizen und Problemen konfrontiert und soll sich mit ihnen in vertrauter Umgebung und ohne Zeitdruck auseinandersetzen. Sich mit Problemen auseinandersetzen, macht ein Pferd aber nicht nur wesentlich selbstbewußter, sondern auch intelligenter. Denn viele der ihm gestellten Aufgaben erfordern eine gewisse Strategie, um sie zu bewältigen.

Wir wollen hier einige Möglichkeiten vorstellen. Im Grunde aber sind der Phantasie des Menschen keine Grenzen gesetzt. Doch muß man stets auf Sicherheit bedacht sein und nach Möglichkeit alle Verletzungsgefahren für das Pferd vermeiden. Ein bißchen Vorstellungskraft ist schon nötig, obwohl man niemals alle Eventualitäten voraussehen kann.

DIE ANGST BESIEGEN

Wir haben schon darüber gesprochen: Das sich ranghoch fühlende Pferd ist wesentlich weniger ängstlich als andere. Es verfügt nicht nur über ein gehöriges Maß an Selbstbewußtsein und Selbstsicherheit, es traut sich auch zu, Gefährliches von Ungefährlichem zu unterscheiden. Selbst wenn es einem Gegenstand zum erstenmal begegnet, rast es nicht in panischer Furcht davon, sondern kann zumeist ganz richtig abschätzen, wie man sich sinnvoll zu verhalten hat. Obwohl es vielleicht manche Situationen partout nicht leiden kann, ist es doch bereit, sie zu bewältigen.

So kann etwa ein selbstsicheres Pferd anstandslos an einer Blasmusikkapelle vorbeigeritten werden, wobei es aber, zum Zeichen seiner Verabscheuung dieses unangenehmen Lärms, die Ohren bös zurücklegt.

Das ranghohe Pferd wird aber auch eine gewisse Vorsicht walten lassen, trägt es üblicherweise doch die Verantwortung für eine ganze Herde. Will man mit solch einem hochrangigen Pferd zum Beispiel ein unbekanntes Gewässer durchqueren, wird es nicht blindlings dem Reiter gehorchen und ins Wasser planschen, sondern zunächst einmal genau erkunden, wie sicher die ganze Angelegenheit ist. Zunächst wird es dies durch genaues Betrachten und durch Schnauben (Echolot!) tun, dann vorsichtig ein Bein hineinsetzen, dabei Tiefe und Untergrund prüfen, und erst wenn es sich davon überzeugt hat, daß alles sicher genug ist, wird es das Gewässer langsam und vorsichtig Tritt für Tritt durchqueren.

Das ranghohe Pferd verläßt sich nicht gern auf seinen Reiter, sondern schätzt die Situation lieber selber ein.

Eine damals etwa 17 Jahre alte Reiterin trat mit unserem sehr ranghohen Hengst zur Reiterpaßprüfung an. Im Zuge der Geländeprüfung war auch ein kleiner Bach zu durchqueren. Allerdings hatten Reiterin und Pferd den Bach nie zuvor an dieser Stelle durchwatet. So blieb also Styx am Ufer stehen, und die Reiterin sah schon alle Hoffnung schwinden, zum Reiterpaß zu gelangen. Doch nachdem er sich mit den Gegebenheiten vertraut gemacht hatte, trat Styx ohne weitere Aufmunterung durch die Reiterin vorsichtig in den Bach und durchquerte ihn Schritt für Schritt.

Das ranghohe Pferd trägt die Verantwortung

Wer aber ein Pferd besitzt, das nicht die Hochrangigkeit und damit Sicherheit und Selbstbewußtsein angeboren hat, muß immer wieder damit rechnen, daß sein Pferd in Angst, vielleicht sogar in Panik gerät. Auf solch einem Pferd fühlt man sich im Extremfall stets wie auf einem Pulvertopf. Aber wir haben ja schon gesagt: Je mehr ein Pferd gesehen und erlebt hat, desto weniger schreckhaft wird es. Routine ist eben alles.

Die Angst abbauen

Und da kann der Mensch einhaken, indem er ihm viele, viele Möglichkeiten bietet, sich mit Neuem auseinanderzusetzen und so seine Angst zunächst in den Griff zu bekommen und sie nach und nach abzubauen. Das geht natürlich nicht von heute auf morgen. Selbst Wunder brauchen ihre Zeit. Und der Mensch muß viel Zeit dafür aufbringen, mit seinem Pferd zu arbeiten, und darf nicht verzagen, wenn alles nicht so schnell klappt, wie er es erhofft. Jede kleine Besserung ist schon ein Fortschritt. Er darf auch nicht annehmen, daß er selbst seinem Pferd die Leitstute oder gar eine ganze Herde ersetzen kann. Nur wenige Pferde tolerieren den Menschen als schutzgebendes Lebewesen. In der Regel können nur andere Pferde diese Rolle ausfüllen.

Der Mensch ist keine Leitstute

Aber selbst wenn das Pferd den Menschen als Beschützer restlos akzeptiert hat und sich ganz auf ihn verläßt, kann schon eine einzige Fehleinschätzung den Menschen wieder unglaubwürdig machen.

Ein sehr erfahrener Reiter hatte ein Pferd, das nicht durchs Wasser gehen wollte. Also stieg er jeweils ab und ging voraus, und das Pferd folgte ihm gehorsam und zufrieden. Doch eines Tages passierte es: Der vorangehende Mensch war zu achtlos, trat in ein Loch und versank bis zum Bauch im Wasser. Damit hatte er das Vertrauen seines Pferdes verspielt, und es weigerte sich begreiflicherweise fortan, ihm durchs Wasser zu folgen.

Vorteilhafter ist es also, dem Pferd nach und nach die entsprechende Selbstsicherheit zu vermitteln, damit es auf sich selbst vertrauen und auch schwierigere Situationen lösen kann. Hier bewährt sich eben wieder „Lernen im Spiel".

DIE NEUGIER WECKEN

Die verschiedenen Reaktionstypen

Als üblicherweise von Beutegreifern bedrohtes Tier, muß das Pferd seine Umgebung immer genau beobachten. Alles, was von dem Gewohnten abweicht, weckt daher seinen Argwohn. Doch ist es ganz unterschiedlich, wie Pferde auf Fremdes, Ungewohntes,

anders Aussehendes reagieren.

Der Leitstute, die schon viele Erfahrungen in einem langen Leben gesammelt hat, ist vieles schon vertraut. Zudem hat sie in vielen Jahren gelernt, daß kaum etwas Bedrohliches in ihrem Lebensraum vorkommt und es daher die Aufregung gar nicht lohnt. Sie wird Fremdes daher eher lässig hinnehmen, es entweder kaum beachten oder in Ruhe näher in Augenschein nehmen. Sie signalisiert so der Herde, daß keine Gefahr droht.

Allerdings läßt sie, wenn ihr die Ungefährlichkeit des Vorganges oder Objektes ohnehin klar ist, neugierigere Herdenmitglieder diese Dinge in Augenschein nehmen und hält sich selbst im Hintergrund. Sie leistet hier also auch Erziehungsarbeit.

Alle ranghohen Pferde reagieren in ähnlicher Weise. Sie sind immer bereit, sich in Ruhe mit Verdächtigem auseinanderzusetzen, sind dabei aber niemals leichtsinnig.

Rangniedere Pferde ahmen im Herdenverband das Verhalten der erfahrenen Tiere nach. Sind sie durch irgendwelche Umstände aber auf sich allein gestellt, können sie schon von Angst bis Panik alle Verhaltensformen zeigen.

Dann gibt es die Vorwitzig-Neugierigen. Meist sind dies noch sehr junge Pferde oder Fohlen. Sie nähern sich Unbekanntem völlig naiv, oft ohne jedwede Vorsicht. Sie rechnen damit, daß Mami sie schon vor jeder Gefahr bewahren wird. Diese Neugier ist von der Natur weise vorgesehen, weil die jungen Tiere sonst kaum ihren Horizont erweitern könnten.

Außerdem gibt es noch die eher apathisch wirkenden Tiere, die Neues nicht wahrzunehmen scheinen oder auch ganz bewußt wegschauen, weil es ihnen zu mühsam erscheint, sich mit Problemen auseinanderzusetzen.

Wenn man mit solchen desinteressierten Tieren arbeitet, muß man oft allerlei Tricks anwenden, um sie aus

> **Nicht alles, was für den Menschen interessant aussieht, ist es auch für die Pferde.**

der Reserve zu locken.

Es ist wirkungsvoller, sie nicht in der Gruppe, sondern allein zu arbeiten, damit sie sich nicht hinter anderen Tieren verstecken können.

Doch egal, mit welchem Pferdetyp man arbeitet: zunächst einmal sind, wie immer, gute Ideen gefragt. Mit Herkömmlichem wird man kaum einen Hund hinter dem Ofen hervorlocken. Leider gelingt es auch sehr oft nicht mit Dingen, die man für eine sehr gute Idee gehalten hat.

Wir hatten rotweiß gestreifte Hütchen erworben. Zehn Stück an der Zahl. Wir planten, sie für die Gestaltung von Hindernisparcours zu verwenden. Aber zunächst wollten wir sehen, wie die Pferde darauf reagieren. Immerhin waren diese Hütchen für sie völlig neu.

Während die Pferdegruppe in der Koppel ihr Grünfutter verzehrte, stellten wir die zehn Hütchen im Abstand von etwa zwei bis drei Metern rings um sie herum auf. Wir erwarteten, daß sie nun mit dem Fressen aufhören und sich vorsichtig zurückziehen würden. Dachten wir! Aber die Pferde fraßen allesamt ungerührt weiter an ihrem Grünfut-

ter. Gelegentlich warf eines einen schrägen Blick nach hinten. Aber das war auch schon alles. Kein ängstlich eingezogener Schweif, keine aufmerksam nach hinten gedrehten Ohren, kein Versuch, die Dinger ins Blickfeld zu bekommen. Gelegentlich näherte sich eines der Fohlen den Hütchen, schien sich aber schnell wieder wesentlich mehr für das Futter zu interessieren.

Auch als das Futter, das sie möglicherweise abgelenkt haben könnte, verspeist war, nahm ihr Interesse für die Hütchen nicht zu. Sie marschierten vielmehr achtlos in den Schatten, wobei sie gelegentlich eines der rotweißen Dinger respektlos mit dem Maul zur Seite schoben oder mit den Hufen wegkickten.

Ähnlich enttäuschend verlief unser Versuch, unsere Pferde mittels rotweißgestreiften Absperrbändern davon abzuhalten, am Koppelzaun zu nagen. So wirkungsvoll auch diese Bänder im Wind flatterten und eigenartige Geräusche von sich gaben, es wurde weiterhin an den Zaunstangen geknabbert und die Zaunbänder bestenfalls als lästiges Hindernis zur Seite gedrückt. Sie überstanden die schlechte Behandlung auch nicht lange. Nach wenigen Tagen zupften wir die letzten Fragmente vom Zaun.

An den rotweißen Streifen konnte es aber, wie man vielleicht vermuten möchte, nicht gelegen haben. Denn beim Trailbewerb eines Westerntournieres gab es rotweiß gestreifte Stangen, welche die Pferde übersteigen mußten. Und noch nie sah ich eines meiner Pferde die Beine bei Stangen so hoch heben, wie bei diesen rotweiß gestreiften, mit denen sie ganz offen-

Futter lockt die zunächst ängstlichen Pferde unter die Flatterbänder, die ihnen nun über Kopf und Rücken hängen, ohne daß sie davon Notiz nehmen.

Vertrauensverhältnis schaffen

sichtlich nicht in unmittelbare Berührung kommen wollten.

Andererseits sind Pferde von einer unbändigen Neugier beseelt und jeder Fotograf weiß ein Lied davon zu singen, wie schwierig es ist, Pferde davon abzuhalten, ihnen beinahe in die Kamera zu kriechen.

Was interessant ist, das bestimmen ganz offensichtlich die Pferde. Der Mensch kann sich nur darauf beschränken, Vorschläge zu machen. Ob sie angenommen werden, entscheidet das Pferd.

Man darf allerdings nicht annehmen, daß Pferde auf ihnen Dargebotenes sofort reagieren. Wenn sie keine Miene verziehen und ihre Aufmerksamkeit ganz anderen Dingen zuwenden, bedeutet das nicht unbedingt, daß sie das Neue nicht interessiert. Sie nutzen vielmehr die Gelegenheit, den verdächtigen Gegenstand aus sicherer Distanz insgeheim zu beobachten und sich ein Bild davon zu machen, ob hier Gefahr besteht oder nicht.

Kann sich das Pferd gar nicht dazu entschließen, sich mit dem Dargebote-

nen auseinanderzusetzen, kann sowohl Angst, Mißtrauen wie ebensogut Gleichgültigkeit und Interesselosigkeit im Spiel sein. Je nachdem, worin der Grund zu suchen ist, muß auch die Abhilfe gestaltet werden.

Ängstlichen Pferden muß Mut gemacht werden, den Gleichgültigen ein entsprechender Anreiz gegeben werden.

Mut machen, das ist der erste Schritt bei ängstlichen Pferden. Besteht kein Vertrauensverhältnis zwischen Mensch und Pferd, muß zuerst dieses aufgebaut werden. Nur wenn das Pferd Vertrauen zu dem mit ihm arbeitenden Menschen hat, wird es auch bereit sein, mitzuarbeiten.

Es erscheint ganz selbstverständlich, daß man weder beim ängstlichen noch bei allen anderen Pferden mit energischem Reden, lautem Geschrei, körperlichen Attacken und Strafen arbeiten darf. Gewalt schafft kein Vertrauen.

Ist der Mensch als Vertrauensperson akzeptiert, kann er sein Pferd zur Auseinandersetzung mit Neuem bewegen, indem er sich selbst diesem suspekten Gegenstand nähert, sich mit diesem befaßt, ihn angreift, sich neben oder auf ihm niederläßt.

Als besonders hilfreich bei ängstlichen Pferden erweist sich immer wieder die Verwendung von beliebtem Futter oder Leckerlis. Fressen und Angst haben ist nämlich als inkompatibel anzusehen. Das heißt, wer frißt, kann nicht gleichzeitig Angst haben; und umgekehrt, wer Angst hat, kann nicht fressen. Er schnappt bestenfalls aufgeregt nach dem einen oder anderen Happen, hebt aber sofort wieder den Kopf hoch empor und nimmt Angsthaltung ein. Der Maulinhalt wird zunächst gar nicht zerkleinert und auch nicht abgeschluckt.

Das zeigt, daß wir das Pferd zwar über Futter oder Leckerli dazu bringen können, die Angst zu vergessen, jedoch muß das Futter bereits gegeben werden, ehe die Angst auftritt.

So arbeitet man gern mit „Futterstraßen", die auf den verdächtigen Gegenstand zuführen: Man streut Hafer oder anderes beliebtes Futter in kleinen Häufchen auf den Boden und lockt so die Tiere näher oder auch ganz an das „Ungetüm" heran.

In einem unserer Kurse haben wir die Pferde mit einem Fransenvorhang konfrontiert, der für sie absolut neu war. Er hing von einem weit in die Koppel reichenden Ast herab. Die sich im leichten Wind bewegenden Bänder waren den Tieren sehr verdächtig, und selbst die Neugierigsten und Mutigsten waren nicht bereit, näherzukommen. Sie standen im sicheren Abstand von 20 und mehr Metern mit hoch erhobenen Köpfen, alle viere fest in die Erde gestemmt und starrten das unheimliche Ding an. Als ich eines von ihnen am Halfter ergriff und näher führen wollte, blieb es nach wenigen Metern stehen und weigerte sich weiterzugehen.

Wir hatten gerade frisches Grünfutter geschnitten, das nun in mehreren kleinen Haufen in Richtung Fransenvorhang auf den Boden gelegt wurde. Die letzten Gaben lagen bereits unter und hinter dem Fransenvorhang.

Duft und Anblick des frischen Grüns weckten sofort die Aufmerksamkeit der Pferde, und, verfressen wie sie sind, machten sie sich gleich darüber her. Es dauerte keine fünf Minuten, standen die ersten von ihnen bereits unter dem Fransenvorhang, die bunten Bänder lagen über ihrem Rücken, ohne daß sie es zu bemerken schienen.

Man kann die dargebotenen Gegenstände auch mit Freßbarem kombinieren, einer Karotte, einem Stück hartes Brot, einem Apfel, einem Häufchen Pellets. Haben die Pferde einmal gelernt, daß sich hinter diesen Dingern auch ein Leckerli verbergen kann, wächst ihre Neugier um ein Wesentliches. Nur ganz hartgesottene Angsthasen verzichten lieber auf den Leckerbissen.

Futter oder Leckerlis können Angst verhindern

Haben sich die Pferde erst einmal daran gewöhnt, immer wieder vor neue Probleme gestellt zu werden, bei denen sich letzten Endes eigentlich alles als harmlos erweist, sind sie auch bereit, sich der Konfrontation zu stellen. Um auch dann noch die Beschäftigung mit Ungewohntem interessant zu machen, muß man schon originelle Ideen entwickeln und viel Abwechslung bieten.

Die Pferde, die wir in unseren Kursen „Mit Pferden spielen" einsetzen, sind schon sehr schwer für etwas zu interessieren. So müssen wir uns immer wieder Neues und Andersartiges einfallen lassen, um den Kursteilnehmern die Reaktionsweisen der Pferde und ihre Art, sich mit Neuem auseinanderzusetzen vorzuführen. Gar nicht so einfach!

WOMIT PFERDE SICH AUSEINANDERSETZEN SOLLEN

Wir haben bisher immer von neuen Gegenständen gesprochen, die wir unseren Pferden anbieten sollen. Das ist jedoch nicht alles.

Der Hauptzweck dieser Übungen besteht darin, Pferde zu einer vernünftigen und vertrauensvollen Auseinandersetzung zu führen, ihre Intelligenz zu schulen, sie selbstbewußt zu machen und letzten Endes so ein Pferd heranzuziehen, auf das man sich auch in ungewöhnlichen Situationen verlassen kann.

Daher sollte man davon ausgehen, womit Pferde im Alltag, auf dem Ausritt, bei Schauen und Turnieren und in Sondersituationen konfrontiert werden können. Es nützt nichts, wenn ein Pferd wohl an den Anblick von flatternden Fahnen gewöhnt wurde, sich aber plötzlich neben einer Musikkapelle wiederfindet, die in voller Lautstärke den Radetzkymarsch intoniert.

Darum sollte zu dem „Programm" unserer Spiele die Auseinandersetzung

- mit starren Dingen,
- mit bewegten Dingen,
- mit Geräuschen und
- mit Situationen

gehören. Ein sehr umfangreiches Programm also, das uns und unsere Pferde lange Zeit beschäftigen wird. Wer ein Pferd vom Fohlenalter an aufzieht, wird da entdecken, daß die Wartezeit bis zum Reiten wie im Flug vergeht, weil ohnedies ausreichend zu tun ist.

Eine breite Palette von Gegebenheiten, mit denen das Pferd konfrontiert werden soll

Solche Übungen werden aber auch beim schon ausgebildeten Pferd immer wieder zwischendurch einzuschieben sein.

Man darf dabei niemals vergessen, daß das Pferd nicht so schnell generalisieren kann wie der Mensch. Denken wir nur an die Geschichte mit den Regenschirmen, wo allein der Unterschied in der Farbe aus einem Schirm bereits wieder ein bedrohliches Etwas machte. Das bedeutet: Je mehr unterschiedliche Möglichkeiten wir dem Pferd darbieten, desto eher wird es seine Lektion lernen.

DIE VERNÜNFTIGE AUSEINANDERSETZUNG MIT UNBEKANNTEM

Diese Form des Spielens soll nicht nur dazu dienen, die Angst vor Fremdem abzubauen, sondern auch die Intelligenz der Pferde fördern, indem sie Erfahrungen gewinnen und lernen, sich sinnvoll mit Situationen oder Dingen auseinanderzusetzen. Wobei die Betonung auf dem Wort „sinnvoll" liegt. So pflegen Pferde, sehr oft sind es die hochrangigen, Gegenstände, die man ihnen darbietet und die ihnen fremd sind, einfach mit den Hufen zu bearbeiten, zur Seite zu kicken oder zu zerstören, ganz einfach deshalb, weil diese nichts in ihrem persönlichen Bereich verloren haben.

Als wir einmal einen Schneemann mitten in der Koppel bauten, war es sehr aufschlußreich zu sehen, welche Möglichkeiten der Auseinandersetzung die einzelnen Pferde wählten:

Einige betrachteten das menschenähnliche Schneegebilde sehr interessiert, aber aus entsprechendem Respektsabstand.

Die Fohlen kamen näher und berochen den Schneemann intensiv von allen Seiten. Aber das führte zu nichts, da Schnee nahezu geruchlos ist. Daraufhin beleckten sie ihn. Auch der Hut erweckte ihr Interesse. Bald lag er im Schnee und wurde von ihnen ein wenig herumgeschubst.

Ein mutigeres Pferd kam näher, entdeckte die Karottennase und verspeiste sie genüßlich.

Dann erschien eines der hochrangigen Pferde, gewissermaßen im Laufschritt, und bearbeitete den armen Schneemann solange mit den Hufen, bis nur mehr ein Häufchen Schnee übrigblieb. So war das Ding, das nicht hierhergehörte, endlich entfernt und der Urzustand wiederhergestellt.

> **Die Art, wie sich die Pferde mit Neuem auseinandersetzen, ist ganz unterschiedlich.**

Diese Umgangsweise, das Ding einfach zu zerstören, ist nicht gerade das, was wir wünschen. Nicht nur, weil wir uns so viel Mühe mit der Herstellung gemacht haben, sondern weil eine intensivere Beschäftigung damit, gewissermaßen eine Auseinandersetzung, genau das ist, was den größten Effekt bringt.

Das ängstliche Pferd müssen wir da nicht einbremsen, sehr wohl aber den „Draufgänger", der vor nichts Respekt hat und alles möglichst schnell „erledigen" will. Ihn wird man zunächst mit Einfachem, aber Kompaktem und Unzerstörbarem konfrontieren und ihn mit beruhigender Stimme zu weniger stürmischem Vorgehen animieren.

Das ängstliche Pferd hingegen muß lernen, nicht vor Unbekanntem davonzulaufen oder „totes Pferd" zu spielen. Es soll seine Ängstlichkeit nach und nach abbauen, Vertrauen und Selbstsicherheit gewinnen. Das gelingt nur, wenn wir bei ihm mit ganz einfachen und kaum angsterregenden Dingen beginnen und erst dann, wenn es mit so einfachen Dingen zurecht kommt, die Anforderungen nach und nach steigern.

DIE VERWIRRUNGS-TAKTIK

Es ist Ihnen vielleicht schon aufgefallen, daß Pferde in einer komplett veränderten Situation, wo nichts dem Gewohnten gleicht, oft weniger ängstlich reagieren, als man annehmen möchte. Der Anblick eines unheimlich großen LKWs regt sie plötzlich nicht mehr auf, die Musik aus dem Lautsprecher, mit der sie bisher noch nie konfrontiert waren und die mit ihrem Dröhnen und vielen unangenehmen Tönen sie eigentlich in Panik versetzen müßte, wird nicht einmal wahrgenommen. Die vielen fremden Pferde werden zur kaum beachteten Kulisse.

Wenn nämlich das Maß der verwirrenden und neuen Eindrücke zu groß ist, schaltet der Organismus einfach ab. Es findet eine Art Rückzug in sich selbst statt. Der dazugehörige Mensch wird nun als der Verantwortliche angesehen, der wie die Leitstute sich um alles zu kümmern hat und die Verantwortung tragen muß. Dies kann zeitweise sehr vorteilhaft und erwünscht sein.

Solche Situationen gibt es etwa, wenn das Pferd außerhalb seiner vertrauten Umgebung an einer Schau, einem Turnier, einem Umzug teilnimmt.

An dieses Wirrwarr der Eindrücke gewöhnt es sich dadurch relativ schnell. Auch dies wäre also bei besonders ängstlichen Pferd eine Möglichkeit zu lernen. Doch sollte man davon nicht allzu oft Gebrauch machen, denn gerade die Auseinandersetzung mit einzelnen Eindrücken oder Situationen ist der geeignetste und nachhaltigste Lernweg. Das Wirrwarr hingegen kann

Angst vorübergehend beseitigen, der Lerneffekt bleibt jedoch gering. Manche Pferde können dadurch stark neurotisiert werden.

Ranghohe Pferde, die sich für andere verantwortlich fühlen, lieben solche Anhäufungen von Fremdem hingegen nicht sonderlich, weil sie sich bemüßigt fühlen, jeden einzelnen der vielen Eindrücke zu analysieren und auf seine Gefährlichkeit hin zu untersuchen. Daß sie damit überfordert sein können, ist klar.

PROBLEMLÖSUNGEN FINDEN, IDEEN ENTWICKELN

Problemlösungen finden. Dazu sollte ein Pferd erzogen werden, will man nicht erleben, daß das Zusammensein mit dem eigenen Pferd in ständig eskalierende Nervenproben ausartet. Allerdings gibt es Leute, die sich auch daran gewöhnen können oder solche Situation geradezu genießen. Ein schwieriges Pferd zu haben, läßt manche Leute nämlich im Ansehen der Stallgenossen gewaltig steigen. „Es ist ganz toll, wie er es schafft, mit diesem extrem schwierigen Pferd zurechtzukommen!"

Der durchschnittliche, ganz normale Pferdebesitzer oder Pferdefreund zieht es allerdings vor, mit seinem Pferd ohne allzuviele kritische Situationen und Unberechenbarkeiten auf ganz normale, freundschaftliche Art das Leben zu genießen. Gott sei Dank! Denn auch für das Pferd ist die neuro-

tisierte Atmosphäre nicht angenehm, sondern kaum erträglich. Es leidet darunter. Und es wäre für Abhilfe sehr dankbar. Vor allem dann, wenn diese Abhilfe nicht auf gewaltsamer Basis erfolgt, sondern verständnisvoll und gewissermaßen spielerisch.

Also: Problemlösungen finden.

Das gilt für beide Seiten: den Menschen und das Pferd. Wobei der Mensch in diesem Fall auch für das Pferd denken muß. Kann er dessen Probleme lösen, so löst er damit zumeist auch seine eigenen.

Viele Pferde müssen erst einmal Vertrauen gewinnen. Vertrauen zu den Menschen. Vertrauen zu ihrer Umwelt. Vertrauen zu den eigenen Fähigkeiten.

„Spielen" wirkt hier ganz vorzüglich als Therapie. Ein Beweis dafür, daß wir diese hier vorgeschlagenen Arbeiten mit dem Pferd getrost als Lernspiele bezeichnen dürfen, weil das Tier hierdurch etwas für sein Leben lernt.

Das heißt aber nun nicht, daß „Spielen" nur für problembeladene Pferde einen Sinn macht. Unkomplizierte, vertrauensvolle und auch selbstbewußte Pferde lieben diese Spiele genauso, als Abwechslung im Alltag, als Möglichkeit ihre Fähigkeiten unter Beweis zu stellen, zur Erweiterung ihrer Wahrnehmungsfähigkeiten, als Training ihrer Körpergeschicklichkeit und als Gelegenheit, mit ihrem Menschen auf gleicher Ebene beisammenzusein. Wir dürfen schließlich niemals vergessen, daß der beste Kontakt zum Pferd nicht vom Sattel, sondern nur vom Boden aus entstehen kann.

ANREGUNGEN ZU SPIELFORM 1

Zweck dieser Art des „Spielens" ist zu sehen, wie sich das Pferd mit Problemen auseinandersetzt, dabei viel über seinen Charakter und seine Reaktionsweise zu erfahren und es gleichzeitig dazu zu bringen, nicht alles Neue als gefährlich anzusehen.

Spielform 1 ist also das selbständige Auseinandersetzen des Pferdes mit Gegenständen oder Situationen.

Und was ist die Aufgabe des Menschen bei dieser Spielform? Ist seine Mitarbeit überhaupt nötig? Oder kann er sich zufrieden zu einer Tasse Kaffee ins Reiterstübchen zurückziehen, während sein Pferd seine diversen Fähigkeiten verbessert?

Des Menschen wichtigste Aufgabe ist es, Ideen zu entwickeln, Ideen und nochmals Ideen. Je vielfältiger seine Einfälle sind, desto besser. Die zweitwichtigste Aufgabe wäre: das Pferd bei seiner Auseinandersetzung mit dem Dargebotenen zu beobachten. Nirgendwo sonst kann man über den Charakter, aber auch über die Ängste eines Pferdes mehr erfahren.

WICHTIGE HINWEISE

Leider ist die Fähigkeit des konzentrierten Beobachtens und Sehens vielen Leuten allmählich abhandengekommen. Oft dauert es eine Weile, bis sich Pferde entschließen, sich mit dem Dargebotenen auseinanderzusetzen. Aber Beobachten ist eine Kunst, wenn es nicht sofort „Action" gibt, gleitet die Aufmerksamkeit der Menschen ab und beschäftigt sich mit anderem. In meinen Kursen begannen die Leute dann, miteinander über ihre eigenen Pferde zu plaudern, oder gar Urlaubspläne und Schulprobleme der Kinder zu besprechen - und so entgingen ihnen oft die interessantesten Points im Verhalten der Pferde.

Darum ging ich dazu über, die Leute schon vorher auf diese fluktuierende Aufmerksamkeit hinzuweisen und andererseits wie ein Moderator das Verhalten und auch das Nichtverhalten, das Ereignislose zu kommentieren, so daß es den Teilnehmern leichter fiel, ihre Aufmerksamkeit beim Gegenstand zu halten.

> **Beobachten ist eine Kunst.**

Konrad Lorenz, der berühmteste Verhaltensforscher Österreichs, sagte einmal, daß er den schönsten aller Berufe habe, da er etwa an heißen Tagen stundenlang „nichts"tuend im Wasser liegen könne, um Tiere zu beobachten. Das klingt zwar sehr schön, stimmt aber nicht. Das Augenzwinkern, das Lorenz bei diesem Ausspruch im Antlitz hatte, findet sich leider im Text nicht wieder. Gerade Beobachten verlangt extreme Konzentration, und das über lange Zeiträume hinweg. Es ist doch ein eher anstrengender Beruf.

Für diese Spielform 1 muß der Mensch also Geduld haben und warten können. Schauen, nicht handeln ist die Devise. Womit so mancher hyperaktive Zeitgenosse auch seine Schwierigkeiten hat. Er will eingreifen, den Vorgang der Auseinandersetzung in Gang bringen, ihn beschleunigen, ihn verändern. Das ist typisch für den Menschen, dem ja immer gepredigt wird, daß er das Maß aller Dinge sei und weit über allen anderen Kreaturen stehe.

Bei dieser Spielform soll sich, wie schon erwähnt, das Pferd mit dargebotenen Reizen auseinandersetzen. Wobei wir danach trachten müssen, alle notwendigen Arten von Reizen auch im Laufe der Zeit durchzunehmen: wobei es schließlich auch Kombinationen aus mehreren dieser Gruppen geben wird.

Verschieden-artigste Reize müssen angeboten werden

> **Konfrontation**
> **mit starren Dingen,**
> **bewegten Dingen,**
> **mit Geräuschen,**
> **und mit Situationen.**

Verletzungsgefahr möglichst vermeiden

Achten muß man stets darauf, die Verletzungsgefahr so gering wie möglich zu halten oder am besten ganz auszuschalten. Deshalb wird es bestimmte Gegenstände oder Situationen geben, mit denen wir das Pferd nicht allein lassen dürfen, sondern unsere unmittelbare Anwesenheit nötig ist, um bei Verletzungsgefahr schnellstens einzuschreiten. Mit anderem hingegen könnte man ein Pferd oder mehrere Pferde ruhig auch zum Beispiel in der Koppel allein lassen, so daß die Auseinandersetzung mit einem Gegenstand oder einer Situation sich über längere Zeit hinweg erstreckt, so lange bis das zunächst Verdächtige schließlich in den Alltag des Pferdes übernommen wird.

Solche Dinge wären zum Beispiel: Ein Transparent, ein Plakat oder eine große grellfarbige Tafel am Koppelzaun, ein surrendes Windrad auf einem Zaunpfosten (außerhalb der Reichweite der Pferde), eine gleichfalls außerhalb des Bereiches wehende Fahne. Dabei kann man dann nach einer Weile die gelbe Tafel gegen eine rote austauschen, das Windrad an einer anderen Stelle des Zaunes befestigen, die Fahne gegen eine anders aussehende vertauschen oder deren Platz wechseln usw..

Alles, was die vertraute Umwelt des Pferdes verändert, erregt seine Aufmerksamkeit. Und sei es auch nur ein relativ kleiner Gegenstand, der irgendwo herumliegt. Für so manches ängstliche Pferd kann schon ein von Krähen fallengelassenes kleines glitzerndes Stückchen Stanniol ein Grund sein, wie angewurzelt stehenzubleiben oder um den verdächtigen Gegenstand zumindest einen großen Bogen zu machen.

Pferde nehmen auch Dinge wahr, die der menschlichen Aufmerksamkeit völlig entgehen. Jeder hat auf Ausritten schon entsprechende Erfahrungen gemacht, wenn das Pferd unter ihm plötzlich den Kopf hochwirft und zur Seite springt oder im Eilzugstempo davonzieht, ohne daß der Reiter einen Grund für dieses seltsame Verhalten ausmachen kann.

Wir können hier nur einige Vorschläge für solche Beschäftigungen machen; für den Leser bieten sich dann Variationen an oder auch ganz neue Einfälle.

Abb. links: So sieht Pipo in unversehrtem Zustand aus.

Abb. rechts: Vorsichtige Kontaktaufnahme mit Respektabstand.

DIE VOGELSCHEUCHE

Bei unseren Kursteilnehmern erfreut sie sich großer Beliebtheit, weil interessant im Aussehen, bunt, menschenähnlich und aus der Landwirtschaft oder von Abbildungen vertraut. Man nimmt daher an, daß sie ihre Wirkung auf Pferde nicht verfehlen wird.

So haben wir also „Pipo" ins Leben gerufen, der sein Aussehen von Kurs zu Kurs ein wenig verändert, damit er auf unsere Pferde immer wieder neu und interessant wirkt. Zunächst bestand Pipo nur aus Kopf mit Hut, einem Kleiderbügel über den ein Pullover hing und einer Stange, mit der er im Koppelboden steckte. Er rief ein wenig Interesse bei den Fohlen und mäßiges bei unseren neugierigsten Pferden hervor.

Der Erfolg war bescheiden. Für den nächsten Kurs nahmen wir daher einige Änderungen vor, um ihn attraktiver zu machen. Pipo erhielt eine schicke Baseballkappe, sein Körper wurde mit Schaumstoff ausgestopft, er trug nun einen Pullover in kräftigen Farben und über dem dicken Bauch eine Jeanshose, deren Beine im Wind flatterten. Zudem hatten wir ihm hübsches Langhaar aus Schafwolle geschnitten, das nun unter der Kappe hervorlugte und gleichfalls ein wenig im Wind flatterte. Aber das Ergebnis war kaum besser als zuvor. Mäßiges Interesse von seiten der Pferde.

Erst als wir auf die Idee kamen, Pipo eine Karotte in den Halsausschnitt zu stecken, kam Bewegung in die Szene.

Ein wenig aufregend ist die Sache schon.

Eine Karotte im Ausschnitt soll die Figur interessant machen

und wird auch gleich gefunden und verspeist.

Und wo sind die weiteren Karotten?

Ach Gott, was soll denn das?

Nachdem eines der Pferde die Karotte entdeckt und schnell verspeist hatte, machten sich die anderen gleichfalls auf die Suche nach dieser rötlichen Delikatesse. Sie durchstöberten Pipos Kleidung, suchten in den Jeanstaschen nach weiteren Leckerbissen, rissen ihm auf ihrer Suche nach Leckerlis die Kappe vom Kopf. Ihr Suchen wurde immer stürmischer, je erfolgloser sie dabei waren. Pipos Schaumstoffbauch hing bereits über die Jeans heraus, der Kopf hatte dem von allen Seiten erfolgenden Ansturm nicht standgehalten und hing nun geknickt über die Brust herab. Und schließlich brachen die Wüstlinge ihm auch noch das Rückgrat. Armer Pipo! Für den nächsten Kurs brauchten wir nicht nur eine neue Stange, er bedurfte einer kompletten Renovierung. Ein erfolgloser Versuch also? Nein, nicht im geringsten. Der aufmerksame und interessierte Zuseher konnte dabei eine ganze Menge lernen. Vor allem dies, daß man in einer Pferdegruppe mit Leckerli nichts im Sinn haben soll, denn sonst ergeht es einem wie dem armen Pipo: Man wird von

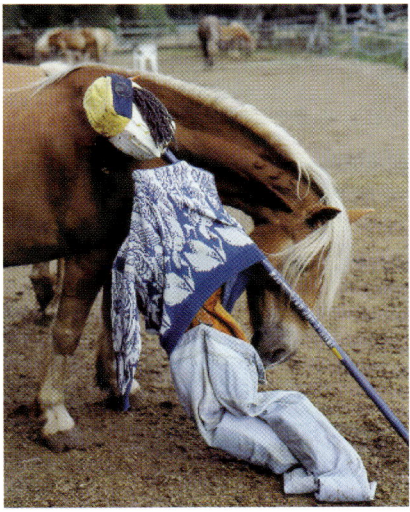

allen Seiten von Pferden bestürmt und kann dabei ganz ordentliche Verletzungen davontragen.

Woher aber rührte die Respektlosigkeit der Pferde vor der Vogelscheuche? Warum hielten sie nicht wenigstens ein bißchen auf Distanz, zeigten sich scheu, vorsichtig, abwartend?

Nun, hier waren wir einem Trugschluß unterlegen, als wir die Vogelscheuche als etwas für die Pferde Fremdes und vielleicht gar Unheimliches

ansahen. Pipo war für sie nämlich gar nichts anderes als ein weiterer Kursteilnehmer. Ein Mensch eben. Und von Kurs zu Kurs wechselnde und daher immer ein wenig anders aussehende Menschen waren ihnen vertraut. Kein Grund also, auf Distanz zu gehen. Selbst der Geruchssinn warnte sie nicht, da es sich ja um von Menschen getragene Kleidungsstücke handelte.

Manchmal wird eben auch etwas von seiten des Menschen mißdeutet und wächst in den Augen des Pferdes entweder zum furchterregenden Objekt oder schrumpft zu einem ganz harmlosen Gegenstand. Die Interpretation des Menschen für dieses überraschende Verhalten fällt dann oft sehr schwer.

Bei Pferden, die weniger auf ständig wechselnde Menschen eingestellt sind, kann die Wirkung der Vogelscheuche jedoch durchaus eine andere sein. Und was sicher ist: sie erfreut sich bei den Pferden großer Beliebtheit.

BÄLLE UND BALLONS

Bälle erfreuen sich bei den Menschen großer Beliebtheit als Spiel- und Sportgeräte. Daraus leitet man gern den Schluß ab, daß auch andere Lebewesen sich gern mit Bällen beschäftigen. Und Hunde sowie Katzen können sich mit Bällen ja lange Zeit unterhalten. Auch ganz ohne Zutun des Menschen.

Auf Pferde trifft dies allerdings nicht zu. Schon jene Bälle, die ein findiger Kopf zur Unterhaltung der Boxenpferde auf den Markt brachte, baumeln zumeist ungenützt und ungeliebt von der Decke herab und sind den Pferden meist eher im Weg, als daß sie zum Spielen herausfordern würden.

Letzte, vergebliche Suche nach weiteren Leckerlis.

Bälle werden zuerst ob ihrer Freßbarkeit untersucht, danach erlischt das Interesse bald.

*Der heimtücki-
scherweise von hin-
ten an die Pferde-
gruppe heranrollen-
de Ball verursacht
Aufregung. Deut-
lich sichtbar die
gehobenen Schweife
und die Flucht-
bereitschaft.*

und Jungpferde, die dann die Bälle eine Weile herumrollen. Aber allzu lange hält diese Beschäftigungsfreude nicht vor.

Größere Bälle wie etwa Gymnastikbälle erfreuen sich einer etwas höheren Beliebtheit.

Keinesfalls jedoch darf man Bälle verwenden, die gefressen oder verschluckt werden können. Also keine Tischtennis- oder Tennisbälle, Golfbälle oder ähnlich Kleinkalibriges.

Luftballons bieten ein breiteres Spektrum an Beschäftigungsmöglichkeit. Da sie sich nicht am Boden, sondern etwas höher oben leicht im Wind hin- und herbewegen, erregen sie schnell die Aufmerksamkeit. Sobald ein Pferd entdeckt hat, daß man sie zum Zerplatzen bringen kann, ist der Zauber beendet. Allerdings kann man Luftballons auch zur „Verzierung" von Hindernissen verwenden und die Pferde so auf die diversen oft verwirrenden Hindernisumbauungen bei Turnieren vorbereiten.

Ein Ball, den man in ein Netz legt, bietet mehrere Möglichkeiten. Man kann ihn an einem Ast oder an einem Wandvorsprung aufhängen oder hinter sich herziehen, während man über die Koppel marschiert. Ebenso kann man ihn an ein Pferd anhängen, das ihn nun seinerseits zum größten Erstaunen seiner Herdenmitglieder hinter sich herzieht. Die Folgen können unterschiedlicher Art sein. Darum sollte man dies bei ängstlichen Pferden doch lieber unterlassen.

Man kann den Ball im Netz mit einem leicht dehnbaren Gummiband irgendwo festmachen. Manche Pferde beschäftigen sich damit eine Weile, indem sie versuchen, den Ball dort

Sich mit diesem Ball zu beschäftigen macht für Pferde einfach keinen Sinn. Die einzige Art, wie sie sich damit beschäftigen, ergibt sich bei Boxen, die nur bis zur Höhe von einem bis einein-halb Meter eingefaßt sind. Wenn der Ball zwischen zwei Boxen aufgehängt wird, ergibt sich ein eher zufälliges „Spiel" dadurch, daß ein Pferd, zunächst aus Versehen, an den Ball stößt, der nun in die Nachbarbox schwingt. Das Nachbarpferd ist nicht daran interessiert, dieses unnötige Dinge in seiner Box zu haben und stößt dies wieder zurück. Nach einigem Hin und her ist die Geschichte aber wieder beendet. Von wirklichem Spiel oder auch nur von Beschäftigung kann hier keine Rede sein.

Ein wenig interessanter sind Bälle, die in der Koppel herumliegen. Zuerst wird untersucht, ob es sich um Freßbares handelt. Doch beim ersten zaghaften oder auch festeren Biß oder beim ersten Stups einer neugierigen Pferdenase setzt sich der Ball in Bewegung, und das erfreut in erster Linie Fohlen wegzubringen, wo sie ihn offensichtlich nicht haben wollen.

Stuten, die an und für sich nicht viel vom Spielen halten, ziehen in der Koppel herumkollernde Bälle gern aus dem Verkehr. Sie haben dafür eine ganz simple Methode: Sie stellen sich einfach über den Ball. Und nachdem dies meist die Leitstute tut, wagt niemand mehr, sich diesem runden Ding zu nähern.

Bälle sind also, wie man sieht, nur bedingt für Beschäftigung und Spiel geeignet. Ihr Reiz besteht vor allem darin, daß sie sich unvermutet in Bewegung setzen und so die Aufmerksamkeit eine Weile auf sich ziehen.

ALLES BEWEGT SICH

Sich Bewegendes signalisiert Pferden Gefahr. Und das aus gutem Grund. Es erinnert sie an den Beutegreifer, der sich durchs Gras heranschleicht und dann mit einem einzigen weiten Satz auf ihren Rücken springt oder sich aus den Zweigen eines Baumes auf sie fallen läßt.

Diese Urangst lebt in unseren Pferden weiter. Vor allem Bewegungen über ihren Köpfen, besonders seitlich oben, können manche Pferde geradezu in Panik versetzen. Das sind jene Pferde, die auch beim Wind im Gelände sehr ängstlich sind, weil das sich im Wind bewegende Laub oder die wehenden Zweige sie verängstigen. Sie nach und nach daran zu gewöhnen, daß bewegte Dinge nicht unbedingt Gefahr bedeuten müssen, wäre absolut nützlich. Nicht nur, weil der Reiter sich auf dem Pferd dann sicherer sein kann, sondern auch im Sinne des Pferdes, das sich ohne immer wiederkehrende Aufregungen zufriedener fühlt.

Dort, wo in den Eingängen zu Stall oder Unterstand schon Fransenvorhänge üblich sind, wird man mit diesen als „Spielzeug" kaum irgendeinen weiteren Erfolg erzielen. Daß die Tiere an den Fransenvorhang und an das Durchgehen zwischen Bändern, die einem über Gesicht und Rücken streifen, gewöhnt sind, bedeutet jedoch nicht, daß sie ähnliches auch von vornherein als harmlos ansehen. An einem Stock befestigte Bänder aus Stoff oder Papier, die lustig im Wind flattern, können sie trotz allem ängstlich machen. Diese Stöcke mit flatternden, möglichst bunten Bändern kann man gleichfalls sehr gut mit anderen Spielen kombinieren und sie zum Beispiel an den diversen Hindernissen befestigen.

Fahnen sind etwas, mit dem Pferde zumeist auf Turnieren oder Schauen konfrontiert werden, aber auch bei einem Ausritt kann man, zumindest an Feiertagen, mit diesen bunten Dingen oft unliebsame Bekanntschaft machen.

Fahnen erschrecken nicht nur durch ihr Geflatter, sondern auch durch gelegentlich lautes Knallen bei stärkerem Wind. Um die Pferde mit Fahnen bekanntzumachen, wäre ein Tag mit schwachem Wind am besten. Nur bei sehr ängstlichen Naturen wird man für die erste Begegnung Windstille bevorzugen.

Fahnen sollten den Pferden immer wieder angeboten werden, große und kleine, senkrecht und waagrecht aufgehängte, weiße und andersfarbige. Man steckt sie an den Koppelzaun, stellt sie mitten in der Koppel auf, läßt sie vom Unterstand oder von einem Baum flattern.

PLASTIKPLANEN

Ein recht vielseitiges „Spielzeug" sind Plastikplanen. Sie sind grellweiß oder bunt, rascheln, fühlen sich komisch kühl an und können durchaus bedrohlich wirken. Und sie können einem überall begegnen: im Stall, im Hof und unterwegs, wo sie vom Wind vertrieben und sogar zum Fliegen gebracht werden können. Man glaubt gar nicht, wie oft Pferde ganz unerwartet mit großen und kleinen raschelnden Plastikplanen oder Plastiksäcken konfrontiert werden!

Wir hatten eine Heulieferung bekommen. Während die Ballen vom Lieferanten in die Scheune getragen wurden, standen meine Offenstallpferde an der Futterkrippe im Unterstand, wo ich sie vorsorglich mit ausreichend Futter versehen hatte, damit sie nicht im Weg herumstanden. Beim Abladen waren die Ballen aus hygienischen Gründen auf eine große Plastikplane geworfen worden. Nun war diese Plane voll Heumehl. Es wäre doch schade gewesen, dieses irgendwo verkommen zu lassen. So packten die Lieferanten die gut 4 mal 4 Meter große Plane vorsichtig an zwei Seiten, marschierten damit in den Unterstand und entleerten den Inhalt, ehe man sie noch hätte daran hindern können, mitten zwischen die Pferde.

Ich wage mir gar nicht vorzustellen, was gewesen wäre, wenn meine 12 Pferde nicht längst an Plastikplanen gewöhnt gewesen wären! So aber hoben sie nur interessiert den Kopf, wichen ein wenig zur Seite, um für die Plane Platz zu machen. Das einzige, was sie doch ein wenig irritierte, war , daß die Plane beim Ausleeren ziemlich hoch

gehoben werden mußte und so in eine Höhe geriet, die eigentlich schon den Beutegreifern zusteht.

Die Auseinandersetzung mit Plastikplanen jeder Farbe, Größe und Konsistenz sollte man jedem Pferd möglich machen, denn unweigerlich wird es mehrmals in seinem Leben, oft recht unerwartet, mit Planen oder Säcken konfrontiert.

Durch das vielfältige Erscheinungsbild und die unterschiedliche Anwendung ist es natürlich nötig, sich öfter und in unterschiedlicher Weise damit zu beschäftigen.

So gibt es:
- Plastikplanen oder große Plastiksäcke irgendwo auf dem Boden liegend wie vom Wind verweht,
- Plastik im Weg liegend wie etwa im Eingang zum Unterstand, in der Futterkrippe etc.,
- von Bäumen, Stangen, dem Eingang oder im Unterstand hängende Planen.

Das Betreten oder Überqueren von Plastik lieben die Pferde nicht so sehr, weil ihnen sowohl die Gräusche wie auch die eigenartig glatte Konsistenz des Materials nicht gefällt. So versuchen sie auszuweichen. Als Partnerübung bei Spielform 2 werden wir uns damit ausführlicher beschäftigen.

Besonders effektvoll sind Planen, die im Eingang zum Stall auf dem Boden liegen oder an der Tür hängen, so daß jedes Pferd, das den Stall betreten will, an der Plane vorbei muß. Planen sollte man immer wieder in die allgemeine Arbeit einfließen lassen, bei der Bodenarbeit, beim Reiten, auf der Koppel.

Gelegentlich kann es passieren, daß Pferde Plastikstückchen verspeisen. Deshalb muß man auf kleine Plastiksäckchen und zu weiche Planen unbedingt verzichten.

Pferde haben ganz unterschiedliche Arten, sich mit Plastikplanen auseinanderzusetzen. Manche untersuchen sie zuerst mit den Hufen, tapsen dagegen, horchen auf das Geräusch, versuchen mit dem Huf daraufzutreten, weil sie nicht sicher sind, ob es sich nicht um Wasser handelt.

Andere verlassen sich mehr auf ihren Geruchssinn und unterziehen das Plastikstück einer eingehenden olfaktorischen Untersuchung. Eines unserer Jungpferde versuchte es mit dem Geschmackssinn. Er biß in die Plane hinein und erfreute sich schließlich daran, kleine Stücke so herauszubeißen, daß sie noch an einer Seite festhingen und emporstanden. Vielleicht war es aber auch gar keine Untersuchung auf Geschmack, sondern eher auf Konsistenz oder Verwendbarkeit der Sache.

KÜBEL UND FÄSSER

Fässer, Kübel, Kisten, Kartons eignen sich vorzüglich als vielseitiges Spielmaterial. Allerdings müssen die Kartons frei von Metallteilen (Heftklammern, Verschlußklammern) sein, und die Kisten dürfen nicht genagelt sein. Auch die Henkel der Kübel können gefährlich werden, wenn die Pferde mit den Hufen zwischen Kübel und Henkel geraten. Solange man ihnen Kübel nur unter Aufsicht anbietet, man also im Notfall schnell einschreiten kann, können die Henkel ruhig dranbleiben. Sollen sich aber die Pferde auch allein damit beschäftigen, muß man die Henkel entfernen.

Wenn manche dieser zunächst fremden Gegenstände wie Kisten und Kartons vorerst mit Mißtrauen betrachtet werden, nimmt bald die Neugier überhand. Vor allem die Hoffnung, hier etwas Genießbares zu finden, garantiert, daß das Interesse nicht so schnell nachläßt.

Alle diese Gegenstände können mit den Hufen durch die Gegend gekickt, mit dem Maul spazierengetragen oder einfach durchstöbert werden.

Wir werden den Eimern auch noch bei weiteren Anregungen begegnen.

ALTE AUTOREIFEN

Sehr vielseitig in ihrer Verwendbarkeit sind alte Autoreifen. Selbstverständlich werden zuvor alle Metallteile entfernt. Die Gefahr, daß Pferde mit ihren Hufen in die Gummiteile geraten und darin hängenbleiben, ist sehr gering. Obwohl gelegentlich in Zeitschriften davon berichtet wird, ist mir persönlich kein einziger solcher Fall bekannt. Vielleicht liegt es nur daran, daß jemand gerade zufällig dazukommt, wenn ein Pferd seinen Huf in den Gummi bekommt und gar nicht erst abwartet, bis es ihn wieder herauszieht.

Man kann Reifen eigentlich auch unbeaufsichtigt in der Koppel den Pferden überlassen. Die Pferde schieben und tragen sie oft über erstaunlich weite Strecken.

Großes Erstaunen ruft es hervor, wenn man solch einen Reifen zum erstenmal durch die Koppel rollt.

So gesehen sind sie ein harmloser Zeitvertreib. Wir werden aber sehen, daß sie auch noch für andere Gelegenheiten sehr brauchbar sind.

ALLES IST BRAUCHBAR

Bei der Durchsicht des Haushaltes wird einem noch so manches auffallen, das sich als Spielmaterial bewährt. Daß man dabei darauf achtet, daß sich die Pferde an dem ins Auge gefaßten Gegenstand nicht verletzen, an ihm nicht hängenbleiben, ihn nicht verschlucken und beim Zerlegen nicht auf gefährlichen Inhalt stoßen können, ist wohl selbstverständlich.

Sicherheitshalber sollte man seine Pferde damit zunächst nicht allein lassen, ehe man sich nicht davon überzeugt hat, daß der Umgang damit für sie gefahrlos ist.

Ein großer, alter Teddybär oder ein größeres Stofftier wäre halt etwas ganz besonders Tolles. Aber auch das ein oder andere Kleidungsstück, ein Hut, ein Pelzmuff, eine Decke, eine alte Babybadewanne, ein zwar alter, aber stabiler großer Kochtopf, ein Deckel, ein Stuhl, ein Paar Gummistiefel, ein Stück Gartenschlauch, eine Reklametafel, eine Gießkanne… Der Phantasie sind keine Grenzen gesetzt.

VERBORGENE SCHÄTZE

Aber nicht immer muß dem Pferd alles auf dem Präsentierteller dargeboten werden. Sehr reizvoll ist es, wenn sie suchen müssen. Die Fragen „Was ist drinnen?" und „Wie komme ich heran?" fordern zu intensiver Beschäftigung auf.

Verständlicherweise suchen sie am liebsten nach Freßbarem. Dem sollte man Rechnung tragen. Vor allem versteckte Karotten sind recht wirkungsvoll.

So hängen wir zum Beispiel Kübel so hoch auf, daß die Pferde nicht hineinsehen, diese aber noch erreichen und schließlich ihren Kopf hineinstecken können. Kübel bewähren sich immer, da es den Pferden bekannt ist, daß sich darin Futter befinden kann. So bemühen sich die Tiere, an den Inhalt des Kübels zu gelangen und müssen dafür gewisse Strategien entwickeln, wie das Gewicht auf die Hinterbeine verlegen, den Hals lang machen und den Kopf ganz hoch recken, oder gar sich auf die Hinterbeine stellen; oder den Kübel kippen, damit der Inhalt herausfällt; oder versuchen, den Kübel, der meist an einer Schnur an einem Ast hängt, tiefer herunterzuziehen.

Ähnlich anregend wirken auf den Boden gestellte Kübel mit Deckel, bei denen erst der Deckel entfernt werden muß, um an das Leckerli zu kommen. Pferde entwickeln großes Geschick beim Öffnen von Deckeln. Ebenso kann man Kübel einfach über eine Karotte stülpen. Die Mühe des Pferdes wird erhöht, wenn mehrere umgestülpte Kübel herumstehen, aber nicht unter jedem eine Belohnung liegt.

Sehr verwirrt sind sie zunächst, wenn

Story hat den Kübel geschickt gekippt, um sein Maul hineinzustecken und hat Freßbares im Kübel entdeckt.

man eine Karotte in eine mit Wasser halb gefüllte Schüssel legt. Hier können sie zwar die Karotte ganz deutlich sehen, doch riecht sie nicht nach Karotte. Und wenn man sie mit dem Maul holen will, taucht man plötzlich ins Wasser.

In der Tat etwas, das die Intelligenz des Pferdes fordert. Manche Pferde wenden sich ab, nachdem sie ihr Maul ein oder zweimal ins Wasser getaucht haben, andere arbeiten länger herum, sie tappen mit den Hufen ins Wasser,

Eine Karotte in der Futterschüssel. Ein verlockender Anblick!

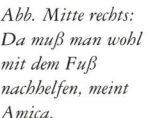

Abb. Mitte links: Aber heimtückischerweise ist die Schüssel mit Wasser gefüllt, und statt die Karotte zu schnappen taucht man mit dem Maul ins kalte Wasser.

Abb. Mitte rechts: Da muß man wohl mit dem Fuß nachhelfen, meint Amica.

Abb. unten links: Auch Najo ist ratlos.

Abb. unten rechts: Weitere Verstärkung rückt an, das Wasser wird schließlich verschüttet und die Karotte verspeist.

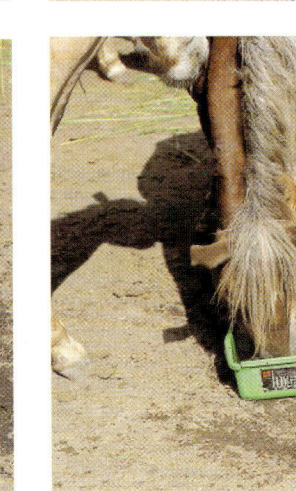

*Abb. links
Allerlei Interessantes ist auf dem
Sessel plaziert und
erregt die Aufmerksamkeit der Pferde.
Um das Interesse
zu intensivieren, ist
auch die ein oder
andere Pferdebelohnung daruntergemischt.*

*Abb. rechts
Vorsicht ist geboten! Hier schiebt
Najo seinen Kopf
zwischen Sitzfläche
und Lehne. Es
könnte zu Schwierigkeiten kommen!*

*Die verschiedenen
Gegenstände sind
untersucht und am
Boden verstreut
worden. Der Sessel
hat der Intensität
der Untersuchung
nicht standgehalten
und wurde umgeworfen.*

kippen schließlich die Schüssel; das Wasser rinnt ab und die Karotte bleibt liegen. Dies ist natürlich ein Zufallsergebnis und nicht die Folge planmäßigen Denkens. Doch wie schaut es im Wiederholungsfall aus? Wie bald hat das Pferd verstanden, daß es einfach die Schüssel kippen muß, um an die Karotte zu gelangen?

Immer wieder interessant ist das, was wir bei uns die „Kramurischachtel" nennen. Im Prinzip handelt es sich hier um eine ganz beliebige Zusammenstellung von Dingen, die bunt gemischt in einem Behälter beisammenliegen, sei es nun in einem Karton, einem Waschfaß, einer Babybadewanne. Gelegentlich legen wir die Dinge auch nur auf einen Stuhl, den wir in die Koppel stellen.

Der Stuhl hat den Vorteil, daß manche Dinge, wie etwa ein Ball, von selbst herunterfallen, sobald ein Pferd daran rührt, während aus einem Behälter die Gegenstände erst herausgeholt werden müssen. Was immer man in diese „Kramurischachtel" tut, ist egal. Es muß nur ungefährlich, aber interessant sein. Hier nur einige Vorschläge erprobter Sachen: Bälle, Stiefel, ein Stück Plastikplane, ein alter, nicht zu großer Vorhang, ein alter Hut, Konservendosen (peinlich gereinigt und von allen scharfen Teilen befreit), ein Luftballon, ein rundes Stück Holz, eine ganze Klopapierrolle, die sich leicht aufwickelt, und, um die Sache interessant zu machen, gelegentlich auch ein Stück altes Brot oder eine Karotte. (Äpfel eignen sich weniger, da sie viel Saft entwickeln, an dem dann Staub und Schmutz kleben bleiben, andererseits mit dem Saft auch die Gegenstände in der Schachtel verklebt werden.) Auch ein Schipperl Heu oder eine Handvoll Gras passen gut hinein.

WAS LIEGT DENN DA?

Schon eine Kleinigkeit, die das Bild ihres Aufenthaltsbereiches verändert, wird von den Pferden mit Mißtrauen betrachtet. Zumeist aus sicherem Abstand. Solche unerwartet aufgetauchten Gegenstände werden oft in großem Bogen umgangen.

-Gewöhnen Sie Ihr Pferd an solche unerwartet auftauchenden Dinge und veranlassen Sie es nach und nach dazu, sich mit diesen Objekten auch auseinanderzusetzen.

-Legen Sie einfach eine grüne Fußmatte in die Trampelkoppel, in die Stallgasse oder auf den Reitplatz. Sehr effektvoll ist auch ein Bartwisch (Handbesen), der mit seinen weichen Borsten auch den Tastsinn der Pferde beansprucht.

Ein alter Filzhut bewährt sich ebenfalls, doch sollte es wirklich ein alter Hut sein, der nicht mehr gebraucht wird, denn nachdem ihn die Pferde genau untersucht haben, werden Sie damit keinen Staat mehr machen. Zur Abwechslung könnten Sie den Hut auch auf einen Stab stecken.

Wenn ein Kissen nicht mehr gebraucht wird, werfen Sie es Ihrem Pferd „zum Fraß" vor, ehe Sie es in den Abfall werfen.

Vier, fünf Meter von einem alten Gartenschlauch auf dem Reitplatz drapiert können sehr interessante Reaktionen auslösen.

Wichtig ist, daß diese Gegenstände sich deutlich vom Untergrund abheben. Je greller die Farbe, desto besser.

Sie können natürlich auch einen weißen Stuhl, eine alte Kommode oder was immer Sie für den Sperrmüll bestimmt haben hinstellen. Doch sollte man dabei anwesend sein, weil sich Pferde mit ihren Beinen leicht in Stuhl und Tischbeinen oder Lehnen verfangen können.

HUHU, WER BIN ICH?

Verkleidete Pferde wie beim Faschingsfest? Das ist ein interessantes Spiel für Pferdegruppen. Dabei bedarf es gar nicht einer großen Aufmachung. Haben Sie einen alten Vorhang mit Streifenmuster? Decken sie ihn schnell über ein Tier aus der Gruppe, und warten Sie ab, was sich tut!

Sobald sich das Aussehen und mit dem fremden Stoff auch der Geruch eines Herdenmitglieds verändert, wird es ganz schnell zu einem fremden Tier. Und ein solches hat in der Herde natürlich nichts verloren. Zunächst

Ausgestoßen von den heimischen Futtertöpfen: Amica, die mit der Decke für die anderen wie ein fremdes Pferd aussieht, darf nicht an das Grünfutter heran. Diese Situation ist für sie völlig unverständlich.

laufen alle hinter dem „Fremdling" her, teilweise interessiert, teilweise um ihn zu verjagen. Dieses so verfolgte Tier weiß natürlich nicht, warum es plötzlich zum Außenseiter wird, hat es sich selbst doch nicht verändert. Das Spiel ist an und für sich ungefährlich, denn sobald das arme verkleidete Pferd gejagt wird, fällt der ja nur lose drüberhängende Stoff ohnedies bald ab und die Jagd findet ihr Ende damit, daß sich alle mit dem jetzt auf dem Boden liegenden Stoffstück befassen.

Man kann sich selbstredend viele andere Verkleidungen einfallen lassen wie etwa eine „Mähne" aus gelbem Bast, ein Schal um den Hals, doch sollten sie alle wieder rasch und möglichst selbsttätig entfernbar sein.

SICH SEINEN WEG SUCHEN

Man neigt dazu, Pferden immer alles aus dem Weg zu räumen. Stallgassen, Hof, Eingänge zu Reitplatz und Halle, der Weg zur Koppel und die Koppel selbst müssen frei von Hindernissen sein. Und das ist gut so, weil anderenfalls Verletzungsgefahr besteht.

Das Ganze hat aber einen Nachteil. Das Pferd wird daran gewöhnt, immer freien Weg zu seinem Ziel zu haben.

Jedes Pferd tendiert dazu, immer die direkte Gerade als Weg zum Ziel anzusehen. Wenn wir das Pferd rufen, wird es immer versuchen, auf geradem Weg zu uns zu gelangen. Rufen wir etwa aus dem Stallfenster „Komm!", wird es beim Fenster erscheinen, nicht aber den nötigen Umweg über das weiter entfernte Stalltor machen, um zu uns in den Stall zu gelangen.

Das können wir bis zu einem gewissen Grad ändern, indem wir das Pferd in bestimmten Fällen zwingen, sich seinen Weg zum Ziel auch auf krumme Touren zu suchen und so seinen Geist zu üben.

Selbstredend sind hier wieder Leckerbissen nötig, um dem Wunsch des Pferdes, ans Ziel zu gelangen, Nachdruck zu verleihen. Nur unseres schönen Gesichtes wegen wird es kaum unterwegs alle Probleme zu lösen versuchen.

Man kann natürlich auch die normale Kraftfutterration zur Futterzeit in einem Kübel irgendwo aufhängen oder plazieren und den Weg dahin mit vielen Umleitungen erschweren.

Als „Umleitungen" empfehlen sich Strohballen, Fässer, Absperrungen mittels Stangen, Kübel (die man vorsichtshalber mit Wasser füllt, damit sie nicht umgeworfen werden), Autoreifen, Stühle, Kisten. Das alles plaziert man zu einem schönen Irrgarten und stellt als Krönung sehr nahe vor dem Futterkübel gar noch eine Bank quer hin.

Selbstredend kann man auch schon vorhandene Hindernisse nützen wie abgestellte Autos, Mistkübel und was sonst noch so herumzustehen pflegt. Solche Problembewältigungen wirken sich sehr fördernd auf die Intelligenz des Pferdes aus.

MUSIK UND LÄRM

Mit Geräuschen sollte man ganz allgemein nicht zu zimperlich sein. Natürlich wird man Pferde keinem ständigen überhöhten Lärmpegel aussetzen. Das wäre Wahnsinn. Eine stundenlange Berieselung aus dem Radioapparat ist absolut unzweckmäßig, auch ständiger hoher Lärmpegel im Stall vor allem durch metallische Geräusche (scheppernde Schiebetüren, Metallgeräte, Blechkübel etc.) ist abzulehnen.

Aber gelegentlich mit einer Plastikplane rascheln, ein Brett laut zu Boden fallen oder einen Blechkübel über die Koppel rollen lassen, gewöhnt Pferde daran, daß hier zumeist gar keine Gefahr droht. Sie werden allmählich nicht mehr bei jedem ungewohnten lauten Geräusch erschrecken oder gar davonlaufen.

Doch es gibt noch wesentlich „Amüsanteres". Lassen Sie Ihre Pferde doch auch an Ihrer musikalischen Betätigung teilhaben!

Marschieren Sie trompetenblasend, auf einer Flöte, einer Mundharmonika spielend oder einfach auf dem Kamm blasend über die Koppel. Auch eine Trillerpfeife kann sehr effektvoll sein.

Lassen Sie sich bequem auf einem Stuhl in der Koppel oder im Stall nieder, und beginnen Sie zu trommeln. Es genügt, wenn es bloß die Blechtrommel aus dem Spielzeugkasten Ihres Sohnes ist oder ein Kochtopf. Auch zwei Deckel machen sehr wirkungsvoll Geräusche.

Spielen Sie ein fröhliches Lied auf der Blockflöte oder singen Sie ganz einfach beim Putzen.

Hängen Sie eine Glocke in den Eingang zum Stall, so daß die Pferde beim Hinein- oder Herausgehen dagegenstoßen. Wenn Sie keine Glocke besitzen, tun es auch ein paar lose zusammengebundene leere Konservenbüchsen.

Ein dröhnender Lautsprecher, über den Sie für kurze Zeit Musik oder auch gesprochenes Wort abspielen, sollte von Zeit zu Zeit auch in Funktion treten. Doch übertreiben Sie es nicht. Es tut weder Ihren noch den Ohren der Pferde besonders gut.

BEWEGUNG

Bewegtes wird von den Pferden besonders gut wahrgenommen. Allerdings weckt es auch immer wieder den Gedanken an den Beutegreifer.

Bälle oder Autoreifen, die man von Zeit zu Zeit über die Koppel rollen läßt, Plastikfetzen oder Papiersäcke, die im Wind dahinflattern, Luftballons, die über den Boden schweben, damit sollten Pferde immer wieder konfrontiert werden. Nach und nach werden sie die Scheu davor verlieren, mit ihren Nasen diesen Dingen folgen und sich mit ihnen beschäftigen.

Großes Staunen, vielleicht aber auch Entsetzen oder gar Panik werden Sie erleben, wenn Sie mit einem Fahrrad über die Koppel fahren. In den Augen der Pferde sind Sie dann, von Ihrem Erscheinungsbild her, nichts anderes als ein fremdes Pferd, das in die Herde eindringt oder das sich allein dort befindliche Pferd bedroht. Sie müssen damit rechnen, daß die Pferde die Flucht ergreifen, neugierig hinter Ihnen herrennen und versuchen, sie zu beriechen, oder aber versuchen, Sie zu vertreiben. Wird die Situation für Sie unangenehm, dann setzen Sie Ihre Stimme ein. Daran wird man Sie erkennen.

Der beruhigende Tonfall trägt dann dazu bei, eskalierende Situationen wieder in den Griff zu kriegen. Zumeist aber geschieht nichts Dramatisches. Wenn der Boden dazu geeignet ist, können Sie es auch einmal mit Inlineskatern versuchen, doch werden Sie da eher als ein etwas eigenartiger Mensch angesehen werden. Das Geräusch, das die Skater machen, kann die Pferde jedoch sehr aufregen.

DIE BAUSTELLE

Die Aufgraber sind ständig unter uns, und immer wieder tauchen auf Wegen, die wir mit unseren Pferden passieren müssen, Baustellen auf. Sie sind für das Pferd eine sehr unliebsame Erscheinung, weil Altvertrautes sich plötzlich extrem verändert hat. Zudem gibt es flatternde Bänder und lautstarke Maschinen und oftmals auch noch viele geschäftige Menschen ringsum. Ein absolut verständlicher Grund zur Panik.

Um solche Baustellen nicht zum absoluten Hindernis werden zu lassen, sondern ihnen doch beim Pferd einen gewissen Bekanntheitsgrad zu verschaffen, können wir sie in unsere Spiele miteinbeziehen. Allerdings erfordert das einige Vorbereitungsarbeit, denn Sie müssen eine effektvolle Absperrung aus Bändern und rot-weißen Stangen basteln, einige Haufen aufschütten,

Baustellen tauchen unvermutet auf Ausritten auf.

nach Möglichkeit auch einen Traktor oder ein anderes Gerät herbeischaffen, das mit laufendem Motor dort stehen oder sogar herumfahren kann. Ein paar Freunde oder Reiterkameraden sollten Sie engagieren, die mit Schubkarren umherfahren, mit Krampen auf Holz klopfen, mit Schaufeln hantieren ...

Wo kein Motorfahrzeug aufzutreiben ist, könnte man notfalls diverse Baustellengeräusche per Tonband simulieren. So schaffen Sie ein möglichst getreues Bild der schrecklichen Situation, die draußen jederzeit und überraschend auf Sie zukommen kann.

Zweckmäßigerweise müßte die Baustelle nach einiger Zeit an einer anderen Stelle aufgebaut werden, was erneut viel Arbeitseinsatz erfordert. Aber Sie wissen ja, daß allein der Ortswechsel eines Gegenstandes vom Pferd schon wie etwas völlig Neues und daher wieder zu Fürchtendes angesehen wird.

Vorteilhafterweise legt man die erste Baustelle außerhalb der Koppel an, so daß das Pferd durch den Zaun einen gewissen Sicherheitsabstand gewinnt und andererseits die extreme Veränderung nicht in seinem unmittelbaren Lebensbereich geschieht.

Zur Auseinandersetzung mit dem Ungetüm „Baustelle" sollten Sie Ihr Pferd nicht allein lassen. Entweder setzen Sie die ganze Herde oder Pferdegruppe gemeinsam der Situation aus, weil hier die Leitstute einen Ruhepol bildet, oder Sie selbst halten sich in der Nähe des unheimlichen Aufbaus auf, reden von dorther mit dem Pferd. Auf jeden Fall wird der nicht zu sparsame Einsatz von Futter sehr empfehlenswert sein. Heu oder Grünfutter in Haufen, die sich bis nahe an die Baustelle erstrecken, locken das Pferd immer näher heran.

Man sollte anfangs das Pferd oder die Pferde auch beim Einrichten der Baustelle zusehen lassen. Wenn sie dabei sind und die einzelnen Schritte der Veränderung miterleben, wird die Angst weniger groß sein, als wenn sie ganz unerwartet und plötzlich mit solch einer Umgestaltung konfrontiert werden.

Durch viele entsprechende Vorübungen wird Ihr Pferd zwar Baustellen an anderen Plätzen noch immer nicht lieben und sie zu vermeiden trachten, aber es wird nicht mehr so extrem in Panik geraten.

VERÄNDERUNGEN

Pferde sind Gewohnheitstiere. Eine einmal eingespielte Vorgangsweise verläuft bei ihnen nach nur wenigen Wiederholungen automatisch wie etwa das Zeremoniell beim Füttern, beim Satteln, beim Putzen.

Muß aus irgendeinem Grund dieser Ablauf verändert werden, dauert es nur wenige Tage, bis die Pferde auch die neue Version intus haben.

Diese Automatisierung des Alltags ist sehr wichtig und wird von Pferden und Personal gleichermaßen geschätzt. Nun kann allerdings zeitweise die Notwendigkeit auftreten, daß vorübergehend eine Änderung vorzunehmen ist, etwa weil die gewohnte Betreuungsperson krank oder auf Urlaub ist und der Ersatz über den gewohnten Ablauf nicht genau Bescheid weiß. Oder ein Pferd ist krank und hat daher einen veränderten Tagesablauf oder andere Fütterungsbedingungen. Oder

das Pferd geht auf ein Turnier oder eine Schau, wo plötzlich der Bewerb zur üblichen Vormittagsschlafenszeit stattfindet, die Fütterung auf einen anderen Zeitpunkt verlegt wird etc..

Deshalb ist es von Vorteil, Pferde auf gelegentliche vorübergehende Veränderungen in ihrem Tagesablauf vorzubereiten.

So kann man zum Beispiel den Platz, an dem gefüttert oder geputzt wird, ab und zu ändern. Statt in der Box gibt es einmal das Futter unter einem Baum im Freien oder mit einem zweiten, verträglichen Pferd gemeinsam, der Futterkübel steht im Kofferraum des Autos oder wird innen in einem Transporter angebracht. Geputzt wird das Pferd nicht am Putzplatz, sondern in der Box, in der Stallgasse, im Freien. Zur Schlafenszeit erscheint plötzlich der Reiter mit dem Sattel ...

Man verändert Zeit, Ort oder Vorgangsweise. So wird die Anpassungsfähigkeit des Pferdes an ungewohnte Situationen geschult.

Selbstverständlich wird man solche Veränderungen nur gelegentlich vornehmen, um das Pferd nicht zu sehr zu verunsichern. Im Prinzip sollte das Althergebrachte in seiner Regelmäßigkeit beibehalten werden.

WASSERSPIELE

Manche Pferde lieben Wasser und können damit gar nicht genug herumpritscheln. Andere wieder machen einen großen Bogen um alles, was mit Wasser zu tun haben könnte.

Meine eigenen Pferde sind richtige Wassermuffel. Wenn ich ungestört von neugierigen oder zudringlichen Herdengenossen durch die Koppel gehen will, brauche ich nur einen Kübel in der Hand zu haben. Er wird von den Pferden auf der Koppel nicht als Futtereimer, sondern als mit Wasser gefülltes Etwas interpretiert, womit sie ja zumeist recht haben. Jedenfalls ist es für sie ein triftiger Grund, einen weiten Bogen um mich zu machen.

Egal ob Wassermuffel oder Wasserliebhaber, Wasser bringt ein interessantes und vielfältig verwendbares Element in das Spiel.

Es müssen ja nicht gleich Wasserspiele sein wie die berühmten Salzburger Wasserspiele im Park von Hellbrunn, wo die Besucher unerwartet und an den verrücktesten Stellen mit Wasserduschen beglückt werden.

Da Reitplätze oder Sandkoppeln, zur Vermeidung von allzuviel Staub, im Sommer ohnedies bewässert werden müssen, kann ein Sprühregen ins Spiel gebracht werden, der allerdings nur einen Teil von Koppel oder Reitplatz besprüht, so daß das Pferd sich auch im Trockenen aufhalten und von dort aus Erfahrungen mit dem nassen Element sammeln kann. Manche Pferde finden es bald sehr angenehm, an heißen Sommertagen eine kühle Dusche unter dem Sprühregen zu nehmen und sind kaum

mehr von dort wegzubringen. Erfahrungen anderer Art machen Pferde mit Wasser in Behältern. Eine Gießkanne oder ein Kübel, mit Wasser gefüllt, steht harmlos in der Koppel herum, bis ein Pferd die Angelegenheit zum Kippen bringt. Nach solchen Erfahrungen werden sie auch mit Futtereimern vorsichtiger Umgehen, denn man kann ja nie wissen, was sich in solch einem verlockend aussehenden Gebilde wirklich befindet: schmackhaftes Futter oder ein kaltes Fußbad.

Pferde lieben es geradezu, Schubkarren umzuwerfen. Vor allem dann, wenn sie gerade randvoll mit den mühsam zusammengesammelten Roßäpfeln gefüllt ist. Sie tun das aber auch mit leeren Karren. Eine mit Wasser gefüllte wird ihnen eine kleine oder größere Überraschung bereiten.

Rinnt durch Ihre Koppel vielleicht ein Bächlein oder ein richtiger Bach, in den Ihre Pferde nicht gern hineingehen? Reichen Sie doch das Futter gelegentlich am anderen Ufer.

Pferdehufe sollen nicht allzu stark austrocknen. In einer sommerlichen Hitze- und Trockenperiode ist es oft schwierig, den Hufen entsprechende Feuchtigkeit zu verschaffen. Wasserspiele schaffen da Abhilfe.

SPIELFORM 2:
GEMEINSAME AKTIONEN VON MENSCH UND TIER

Hier ist nun nicht nur die Beobachtungsgabe des Menschen gefragt, sondern auch seine Zusammenarbeit mit dem Pferd. Die Anpassung des Pferdes an den Menschen und die des Menschen an das Pferd.

Das mag sehr einfach klingen, doch ist es das nicht. Zwei so verschiedene Lebewesen aufeinander abzustimmen, bedarf von beiden Seiten großes Einfühlungsvermögen. Die Unterschiede im Verhalten, in der Denkweise, im Arbeitsverständnis sind gewaltig. Dazu kommt noch, daß hier ein Zweibeiner und ein Vierbeiner zusammenarbeiten müssen. Der eine befindet sich vorwiegend im stabilen, der andere ständig im labilen Gleichgewicht. Der eine muß in der Fortbewegung nur für zwei Beine denken, der andere für vier.

In der Zusammenarbeit muß auch der Zweibeiner für den Vierbeiner mitdenken und der Vierbeiner für den Zweibeiner. Eine manchmal nur schwer lösbare Aufgabe - vor allem für den Menschen. Wer einmal versucht hat, sein Pferd vom Boden aus im Rückwärtsgang durch ein L zu leiten, wird bereits gemerkt haben, wie schnell man da als Mensch ernste Probleme bekommt. Selbst das Labyrinth bedeutet für die Arbeit vom Boden aus kein Honiglecken. Vom Sattel aus wird alles dadurch einfacher, daß der

Mensch sich zwischen den beiden Beinpaaren seines Pferdes befindet und die Situation von dort aus wesentlich leichter überblicken und beurteilen kann. Die Partnerarbeit vom Boden aus bringt jedoch für die Zusammenarbeit und die Abstimmung zwischen Mensch und Pferd wesentlich mehr, als die Arbeit vom Sattel aus.

Zweibeiner und Vierbeiner gemeinsam - das birgt allerlei Probleme in sich

BELOHNUNG UND STRAFE

Wie haben uns schon weiter vorne in diesem Buch über Belohnung und Strafe unterhalten. Doch ehe Sie mit der hier folgenden Art der Lernspiele beginnen, muß noch einmal ein wichtiger Punkt geklärt werden: Welche Rolle spielen hier Belohnung und Strafe.

Belohnung und Strafe sind, das wissen Sie schon, wirksame Mittel der Verhaltensmodifikation. Aber wie steht es damit bei unseren Lernspielen? Zunächst eine Frage: „Würden Sie Ihr Kind mit Fernsehverbot belegen, wenn es bei einem Spiel einen Fehler macht?" Doch wohl kaum. Ebensowenig darf das Pferd bei diesen Spielen bestraft werden. Es soll lernen, es soll gefördert werden. Dies kann nur in einer positiven Atmosphäre geschehen. Strafen schaffen keine positive Atmosphäre.

Stellt sich das Pferd ungeschickt an, hat es gewisse Schwierigkeiten mit den Anforderungen, die wir stellen, dann muß es aufgemuntert werden. Aufmunterung ist das Gegenteil von Strafe. Eher wäre da schon eine Belohnung am Platz, wenn nach viel Bemühen des Pferdes endlich doch alles so gut läuft, wie wir es uns erträumt haben.

Lernspiele brauchen eine positive und lustbetonte Atmosphäre

Zusammen-arbeit

Doch auch Belohnung muß nicht unbedingt sein. Das heißt, Belohnung durch ein Leckerli muß nicht unbedingt sein. Wohl aber die Belohnung durch das gesprochene Wort. Das Pferd muß ja wissen, wenn es etwas richtig oder gar ganz besonders gut gemacht hat. In solchen Fällen zu schweigen und die gute Leistung als etwas Selbstverständliches hinzunehmen, wäre falsch. Auf diese Weise kann man keinen Fortschritt erzielen.

DIE ZIELE

Während bei der Spielform 1 das Pferd lernen soll, sich möglichst selbständig mit fremden Gegenständen und Situationen auseinanderzusetzen, zielt die Spielform 2 auf die gemeinsamen Aktionen von Mensch und Pferd ab. Sie betreffen die Verbesserung der drei K, nämlich:

Die drei K

> **Kooperation**
> **Körpergeschicklichkeit**
> **Konzentration**

Auch dies sind natürlich wieder Ziele, die auf die Arbeit mit dem Menschen gerichtet sind. Denn was das freie und natürliche Leben des Pferdes und seine Überlebensfähigkeit betrifft, sind diese Fähigkeiten von Natur aus in ausreichendem Maß vorhanden. Tiere, die diese Fähigkeiten nicht in ausreichendem Maß besaßen, fielen sehr bald den Beutegreifern anheim und konnten sich so zumeist nicht vermehren.

Die natürliche Selektion sorgte hier schon dafür, daß diese Fähigkeiten in

Pferd und Mensch profitieren gleichermaßen

entsprechendem Ausmaß auch weitergegeben wurden.

Soweit es aber die Zusammenarbeit mit dem Menschen und die sportliche oder wirtschaftliche Nutzung des Pferdes betrifft, gab und gibt es für diese Fähigkeiten keine natürliche Selektion. Bei der Zuchtauswahl der Pferde (so eine solche überhaupt stattfindet) wird auf ganz andere Aspekte geachtet. So sollte also der erziehende und ausbildende Mensch darum bemüht sein, diese Fähigkeiten so gut wie irgend möglich weiterzuentwickeln. Auch hier sind Lernspiele die geeignetste Form.

Aus dieser Art der Zusammenarbeit zieht jedoch nicht nur das Pferd einen Nutzen, sondern auch der Mensch. Denn auch dieser kann dabei Kooperation, Körpergeschicklichkeit und Konzentration verbessern. Immer wieder machen wir in unseren Kursen die Feststellung, daß die Teilnehmer eine ganz andere Beziehung zum Partner Pferd bekommen, aber ebenso auch zu ihrem eigenen Körper und zu ihrer psychischen Einstellung. Hier findet ein gegenseitiges Erziehen statt. Die Rücksichtnahme auf das Pferd bedingt in der Folge auch ein besseres Verständnis für menschliche Partner, mehr Einfühlungsvermögen und Rücksichtnahme gegenüber Familienmitgliedern, Arbeitskollegen und Freunden. Nicht zuletzt lernt der Mensch dabei auch, zeitweise eine Führungsrolle zu übernehmen und seine Ideen durchzusetzen. Für eine berufliche Karriere sind dies absolut nützliche Fähigkeiten.

Kooperation

ist eine ganz entscheidende Voraussetzung für die Interaktion zweier Lebewesen, vor allem dann, wenn sie so verschieden sind wie Mensch und Pferd. Der Mensch neigt ja dazu, aus seinem Verhalten, seinem Wohlbefinden zu schließen, daß auch das Pferd ebenso fühlen muß. In den meisten Fällen ist dies ein Irrtum. Während der Mensch im Winter die Wärme im Stall liebt, fühlt sich das Offenstallpferd im Schneesturm pudelwohl. Wenn der Mensch sich mit Begeisterung in die heiße Sonne legt, zieht sich das Pferd in den schattigen und fliegenfreien Stall zurück. (Der Ausspruch der Amerikaner: „Nur Esel und Europäer legen sich in die Sonne" bewahrheitet sich da wirklich). Pferde wälzen sich mit Genuß im Schlamm, während der Mensch eher zu steriler Sauberkeit neigt. Das Pferd kann fast 360 Grad rundum sehen, der Mensch wieder kann Dinge vor sich präziser erkennen. Und ein ganz entscheidender Unterschied: der Vierbeiner Pferd steht sicher auf dem Boden, während sich der Zweibeiner Mensch ständig im labilen Gleichgewicht befindet. Dadurch ist allerdings der Mensch bei schnellen Wendungen im Vorteil, weil er sich nur auf den Absätzen drehen muß.

Bei der Partnerarbeit muß nun der Mensch auf das Pferd, aber auch das Pferd auf den Menschen Rücksicht nehmen. Eine Tätigkeit also, bei der beide profitieren können. Möglicherweise aber ist das auch der schwerste Teil aller Beschäftigungsmöglichkeiten.

Körpergeschicklichkeit

wird bei diesen Spielen nicht nur vom Pferd, sondern auch vom Menschen verlangt. Oft ist es der Mensch, der dabei die größeren Schwierigkeiten

Pferde sind anders

hat, vor allem deshalb, weil das Körpergefühl bei vielen Menschen nur sehr mangelhaft ausgebildet ist.

Aber auch die Körpergeschicklichkeit des Pferdes kann und soll gefördert werden. Das in der Wildnis lebende Pferd ist auf seine Körpergeschicklichkeit angewiesen und trainiert sie praktisch ununterbrochen.

Die vom Menschen gehaltenen Pferde haben da leider schon ihre Schwierigkeiten. So stolpern selbst die als besonders trittsicher geltenden Haflinger über ihre eigenen Hufe, wenn sie immer nur zwischen Box und Reithalle hin- und hergehen. Selbst die Ausläufe der Offenstallhaltungen werden oft unverständlicherweise so gestaltet, daß sie eine völlig ebene und mit Spänen oder Sand korrekt bestreute Fläche darstellen. Ob dies nur der Optik wegen oder aus Verständnislosigkeit geschieht?

So muß also wirklich etwas für die Körpergeschicklichkeit der Pferde getan werden. Also wieder eine Spielform, bei der man für das Leben lernt.

Konzentration

Das ist ein heikles Kapitel. Es ist nicht nur um die Konzentration unserer Schulkinder schlecht bestellt. Auch der Erwachsene hat damit so seine Probleme. Die vielen ablenkenden Umweltreize machen das Konzentrieren schwer. Auch für Pferde.

Die Zusammenarbeit zwischen Mensch und Pferd macht es beiden etwas leichter, mit Konzentration dabei zu sein. Vor allem dann, wenn Spaß dabei ist und auch Belohnungen nicht zu kurz kommen. Auch der Mensch darf daran ruhig seine Freude haben.

Trittsicherheit und Körpergeschicklichkeit

Konzentration - heute ein ganz wichtiger Punkt

FÜR WEN?

Daß diese Spielform für alle Pferde von Nutzen ist, haben wir schon erfahren. Aber darüber hinaus gibt es spezielle Gruppen, denen sie ganz besondere Vorteile bringt.

Für das junge Pferd, vom Fohlenalter an, ist es der erste Schritt einer Erziehung, aber auch schon einer Ausbildung. Wer es bisher nicht erwarten konnte, daß sein Pferd endlich das reitbare Alter erreicht, hat es plötzlich nicht mehr so eilig. Wenn er mit seinem Pferd all diese Spiele durchmacht, ist er sogar bereit, ihm noch ein weiteres Jahr für Wachstum und Entwicklung zu schenken.

Pferde und Menschen aller Altersstufen ziehen Vorteile aus diesen Spielen

Für das erwachsene Pferd bringen die Spiele Abwechslung in den Alltag. Sauren Pferden, denen das Dressurviereck schon zum Hals heraushängt, mit denen die tägliche Arbeit zu einer lästigen Pflicht oder das Training zu einem permanenten Kampf zwischen Mensch und Tier geworden ist, bescheren diese Spiele Entspannung, Abwechslung und wiederkehrende Freude an der Arbeit mit ihrem Menschen. Das alte, nicht mehr reitbare Pferd kann bei diesen

Es ist irrig zu meinen, man könne das Pferd mittels Seilzug über das Brett befördern. Safir beginnt vielmehr dagegen zu ziehen und tritt dabei neben das Brett.

Spielen noch immer mitmachen, seine Kondition erhalten und geistig fit bleiben. Vor allem hat es das Gefühl, nicht unnütz zu sein, sondern mit seinem Menschen noch immer zusammenarbeiten zu dürfen.

Das nicht ganz gesunde Pferd, das momentan nicht geritten werden kann, darf in vielen Fällen bei diesen Spielen mitmachen und ist beschäftigt, ja sogar gefordert, ohne belastet zu werden. Bei manchen Erkrankungen kann das Spiel sogar als Therapie eingesetzt werden.

Der Mensch, der aus gesundheitlichen Gründen nicht (mehr) reiten darf, kann auf diese Weise doch mit seinem Pferd zusammenarbeiten und all die Freuden erleben, die sich aus der gemeinsamen Arbeit ergeben.

Und der wichtigste Punkt: Weder auf dem Pferderücken noch auf dem Kutschbock hat man eine so enge Beziehung, einen so nahen Kontakt mit seinem Pferd wie vom Boden aus.

GRUNDSÄTZLICHES ZUR PARTNERARBEIT VOM BODEN AUS

Eine gedeihliche und sinnvolle gemeinsame Arbeit ist nur möglich, wenn sich Mensch und Pferd mit klaren Signalen verständigen. Die leider allgemein übliche Art des Führens ist hier, schon allein wegen seiner Ungenauigkeit, nicht sinnvoll. Denn überlegen wir einmal, wie wir gemeinhin das Pferd durch die Gegend führen: Ein Führseil wird ins Halfter eingehängt, und wir marschieren los, indem wir in Richtung vorwärts am Seil ziehen, die Richtungsänderungen durch Ziehen des Führseils in die gewünschte Rich-

tung angeben (eventuell wird noch mit einem Druck gegen den Pferdekörper nachgeholfen) und zum Anhalten einfach entsprechend fest am Seil in die Gegenrichtung ziehen. Das Ergebnis ist dementsprechend: Mit etwas Glück erreicht man sein Ziel so ungefähr.

Richtig führen

Da Lebewesen auf Zug mit Gegenzug reagieren, müßte man daraus eigentlich ableiten, daß Ziehen in die gewünschte Richtung keine sinnvolle Art der Verständigung zwischen Mensch und Pferd sein kann. Auf diese Weise können wir kaum zu einer sinnvollen und für beide Seiten klaren Zusammenarbeit kommen, wie sie für die Partner „spiele" nötig wäre.

Was hier gefragt ist, das ist die Körpersprache des Menschen, die dem Pferd ganz präzise zeigt, was es tun soll. Diese Körpersprache muß absolut einfach und interanimal sein, das heißt, für alle Tierarten (den Menschen inbegriffen) verständlich.

Die Schwierigkeit besteht nur darin, daß der Mensch oftmals nicht weiß, was er mit seinem Körper wirklich tut. So schafft er es, seinem Pferd unverständliche oder gar widersprüchliche Signale zu vermitteln. Da sagt eventuell sein Körper „Komm her!", während seine Arme deuten „Geh weg!", oder die Arme sagen „Geh nach rechts!", während der Körper des Menschen auffordert „Geh nach links!". Wenn die Sache dann nicht so funktioniert, wie der Mensch es sich gedacht hat, wird die Schuld üblicherweise dem Pferd zugewiesen. In 95 von 100 Fällen liegt sie aber beim Menschen. Wenn also das Pferd auf unsere Körpersignale hin nicht das tut, was wir von ihm erwar-

ten, müssen wir zunächst unsere Signale, in erster Linie unsere Körperhaltung überprüfen.

Mit richtig gegebenen Signalen können Sie Ihr Pferd ganz ohne Halfter und Führseil dirigieren. Etwas, das zur Überprüfung der Arbeit unbedingt ausprobiert werden sollte. Jedoch darf dies nur in einem sicher eingezäunten Areal geschehen, da ein Pferd, das aus irgendeinem Grund in Panik gerät, nicht mehr auf unsere Signale achtet, sondern sein Heil in der Flucht sucht. Im Augenblick einer echten oder auch nur vermeintlichen Gefahr behält immer der Instinkt die Oberhand über die Erziehung. Das kann zwar manchmal peinlich sein, ist aber von der Natur sehr weise eingerichtet, da der Instinkt des Pferdes allein schon von der Reaktionsgeschwindigkeit her, aber auch von der wesentlich höheren Sensibilität und den deutlich feineren Sinnesgaben deutlich effektvoller ist als alles, was wir Menschen den Pferden an Erziehung mitgeben können. Die Erziehung des Pferdes ist ja ausschließlich auf unsere eigenen Bedürfnisse ausgerichtet. Der Instinkt jedoch auf die echten Bedürfnisse des Pferdes.

Körpersignale und Körpersprache

Doch zurück zu unseren Körpersignalen. Wir nützen dafür:

> 1. die Lage unseres Körpers im Raum (vorgeneigt, zurückgeneigt, gerade, gedreht), wobei für das Pferd besonders unser Schultergürtel und dessen Lage entscheidend ist. Das Pferd richtet seine Körperachse nach unserem Schultergürtel aus.

Die Körpersprache als Verständigungsmittel

Vorsicht! Der Instinkt behält im Gefahrenfall die Oberhand

2. unsere Arme für die Bewegung: vorwärts, seitwärts und halt.

Die Signale, die wir dabei verwenden sind ganz einfach und logisch und werden von jedem Pferd sofort verstanden. Wir brauchen dazu keine Hilfen. Im Prinzip müssen wir uns auch splitterfasernackt mit einem Pferd ohne Halfter und ohne Halsriemen verständigen können. Sobald man für seine Signale Hilfsmittel braucht, und sei es auch nur ein Führseil, und sobald man Pferde zuerst auf diese Signale dressieren muß, sind sie nichts wert.

Unsere Signale, die wir auf der Hippagogischen Station verwenden, sind ebenso menschlich wie auch pferdisch.

Nehmen wir eine dafür typische Situation, die sich auch real ereignet hat: Auf einem Vertragshof des Österreichischen Pferdeschutzverbandes fanden TV-Aufnahmen statt. Eine Gruppe von etwa zwanzig Pferden verschiedenster Rassen sollte sich für eine Szene in einem bestimmten Teil der Koppel aufhalten, doch die eine Hälfte der Pferdegruppe war bereits wieder über die Brücke in einen anderen Teil entschwunden. So sollen wenigstens die restlichen acht oder zehn Pferde dableiben, während man versucht, die anderen wieder zurückzubringen. Die Tendenz der verbliebenen Pferde geht jedoch verständlicherweise dahin, sich in Richtung der anderen zu entfernen.

Diese Pferde haben niemals zuvor mit unseren Körpersignalen Bekanntschaft gemacht, sondern waren immer nur mittels knallender Peitschen und scheuchender Handbewegungen getrieben worden. Ich nutzte diese Gelegenheit, wieder einmal unsere Methode der Körpersprache an diesen fremden Pferden auszuprobieren. Und es gelang mir, ohne jedwede Hilfsmittel, nur noch von einer über die Schulter hängenden Handtasche behindert, durch die entsprechenden Körpersignale diese Pferde an Ort und Stelle zu halten. Zunächst waren die Tiere natürlich sehr erstaunt, daß ihnen hier jemand mit dem Gehabe einer Herdenchefin gegenübertritt und ihnen verbietet, über die Brücke zu gehen.

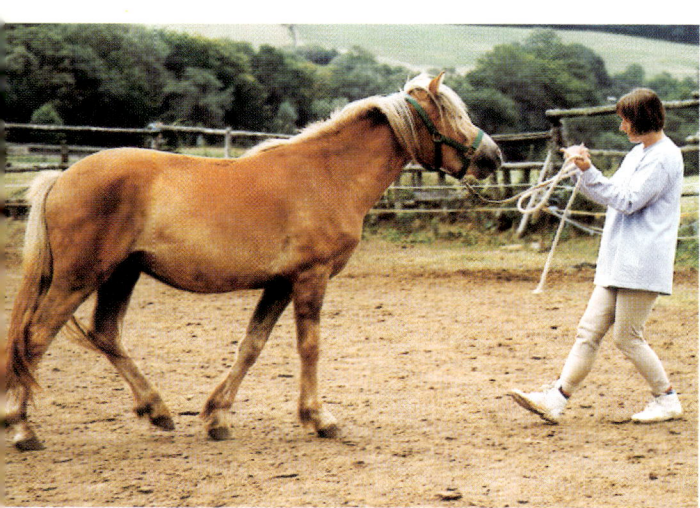

Interessant waren die unterschiedlichen Arten, wie sie sich nun verhielten. Während einige vorerst versuchten, doch noch auf irgendeine Weise an mir vorbei zur Brücke zu gelangen und mit energischem Herdenchefin-Gehabe davon abgehalten werden mußten, nahmen andere sofort Blickkontakt zu mir auf, fragten gewissermaßen was los sei und blieben, auf meine entsprechenden Handsignale hin, ruhig an ihrem Platz stehen.

An dieser Stelle muß ich aber eine Warnung aussprechen: Ohne entsprechendes Wissen und entsprechende Vorsicht sollte man niemals versuchen, eine sich in Bewegung setzende Herde aufzuhalten. Es könnte zu schweren Verletzungen kommen. Der vielzitierte Satz, daß ein Pferd niemals einen Menschen niederrennt, gilt auf keinen Fall für eine Gruppe von mehreren Pferden.

Wir haben beim Fortbewegen mit dem Pferd zwei Möglichkeiten:

• Wir gehen vor dem Pferd her und es folgt uns. Dies ist die einfachste Art, weil sie absolut natürlich ist. In der Herde geht die Leitstute auch zumeist voraus und die anderen Tiere folgen hinter ihr her, bewegen sich in dieselbe Richtung und halten dasselbe Tempo ein. Es würde kein Pferd wagen, eine echte, energische Leitstute zu überholen.

• Wir gehen neben dem Pferdekopf, nicht weiter hinten als in Ohrhöhe. Hier kann das Pferd nicht der von uns vorgegangenen Richtung nachfolgen, wir müssen ihm angeben, wohin wir gehen wollen: vorwärts, nach links, nach rechts, oder ob wir stehenbleiben wollen. Diese Richtungen geben wir am besten mit Hilfe der Körpersprache und da zumeist mit ausgestrecktem, richtungsweisendem Arm an.

Die für den Menschen und das Pferd bequemste Form ist verständlicherweise das Nachlaufenlassen. Nur: Dabei können weder Pferd noch Mensch etwas Entscheidendes lernen. Zudem gibt es Pferde, die dazu tendieren, ihren Menschen über den Haufen zu rennen, die man also besser nicht hinter sich hergehen läßt. Wird der Mensch nicht absolut als Respektsperson angesehen, so kann dies leicht passieren.

Wenn unser Pferd etwas lernen soll, wenn es auf unsere Körpersprache reagieren soll, sich dabei auch wirklich konzentrieren und mit uns zusammenarbeiten soll, dann kann nur die zweite Version Sinn machen, nämlich das Führen neben dem Kopf des Pferdes und mit der entsprechenden Körpersprache.

Was wir oft in Büchern lesen, daß der Mensch nämlich an der Schulter des Pferdes mit ihm im Gleichschritt gehen soll, ist keine natürliche und darum für das Pferd auch mißverständliche Art des Führens. In dieser Position sind wir nicht mehr das Leittier, sondern ein Herdenkamerad. In dieser Position aber haben wir verständlicherweise dem Pferd keine Anordnungen zu geben. Es kann sich eben deshalb auch ganz einfach unserer Kontrolle entziehen.

Bei der Partnerarbeit ist es ganz besonders wichtig, daß wir klar und für das Pferd verständlich führen, und wir sollten das zunächst einmal üben, ehe wir uns an die echten Spiele machen. Sobald das klappt, beginnen wir mit den ganz einfachen Übungen und steigern den Schwierigkeitsgrad allmählich. Alle in der Folge angeführten Lernspiele werden vom Boden aus

Eine Probe aufs Exempel

Pferde verhaltenspsychologisch richtig führen

Die richtige Position beim Führen

und im Schritt ausgeführt. Der Schritt ist die wichtigste Gangart des Pferdes. Im Schritt kann man am konzentriertesten und genauesten arbeiten und auch die größten Lerneffekte erzielen. Schnellere Fortbewegung verleitet zum Schludern und ermöglicht es dem Pferd, sich unangenehm erscheinenden Situationen durch Davonlaufen zu entziehen.

DER WEG ZUM MITEINANDER

Wir gehen mit unserem Pferd einfach spazieren, nicht im Gelände, sondern in der Halle, auf dem Reitplatz, im Hof, wo immer eine entsprechende freie Fläche vorhanden ist. Das Pferd trägt das Stallhalfter, in welches wir ein Führseil eingehängt haben.

Erste Übungen

Beim Führen fassen wir das Seil mit der rechten Hand nicht zu nahe am Kopf, sondern eher dreißig oder auch 50 Zentimeter entfernt vom Karabiner

an. Es soll beim Führen immer leicht durchhängen und stellt eher die „Nabelschnur" dar, die Mensch und Pferd zusammenhält, nicht etwas, mit dem man am Pferd herumzieht. Das Ende des Führseils oder -zügels liegt in der linken Hand, zur Sicherheit. Niemals wickelt man das Ende um die Hand, denn auf diese Weise sind schon viele schlimme Verletzungen entstanden, wenn das Pferd erschrak oder auch aus bloßem Übermut einfach loszog. Mitunter ist solch ein Pferdeführer auch erst in der Intensivstation wieder aufgewacht.

So schlimm muß es ja nicht gleich sein, aber achten Sie trotzdem darauf, daß im Notfall das Seil leicht aus Ihrer linken Hand gleiten kann!

Halle oder Reitplatz als erster „Spiel"ort wurden aber nicht deshalb ausgewählt, damit Sie bequem an der Wand entlanggehen. Im Gegenteil. Um die Zusammenarbeit mit Ihrem Pferd zu üben, gehen Sie einmal links, einmal rechts, kehren um, bleiben ste-

Richtiges Führen mit durchhängendem Seil.

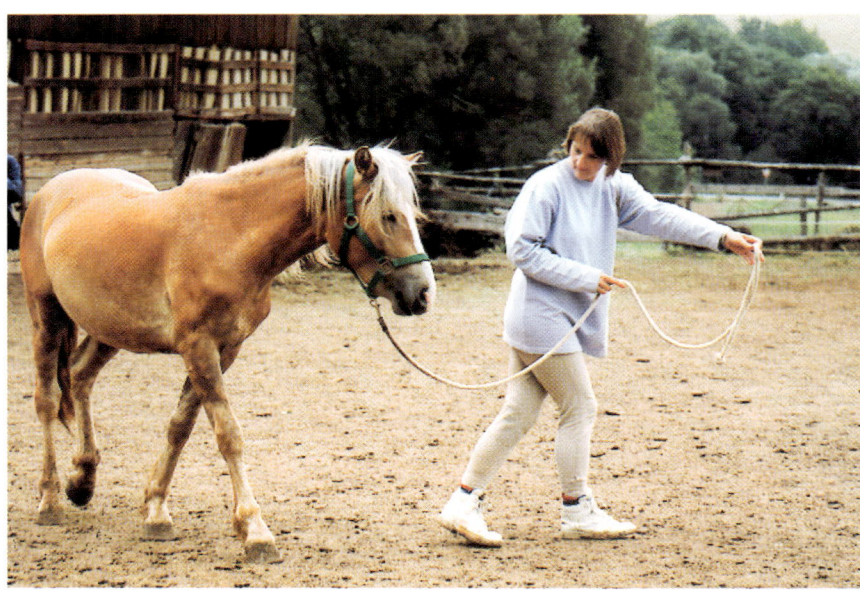

hen. Es sollte ununterbrochen etwas los sein. Langeweile kommt da gar nicht erst auf. Das Pferd muß sich konzentrieren, und Sie selbst müssen darauf achten, ihre Richtungsänderungen dem Pferd so klar vorzugeben, daß es gar nicht anders kann.

Dazu ist ganz wichtig, daß Sie nicht ziellos in der Gegend herumzockeln sondern immer genau wissen, was Sie wann und wie als nächstes machen wollen.

Selbstredend überfallen Sie Ihr Pferd nicht mit Wendungen und Haltparaden, sondern kündigen diese vorher durch ein Stimmsignal an wie etwa „Aufpassen!" oder „Achtung!" oder „Und ...!" oder was immer Sie wollen. Überfordern Sie aber die Konzentration Ihres Pferdes nicht. Wenn Sie merken, daß es nicht mehr ganz so gut klappt, sollten Sie rechtzeitig Schluß machen, noch ehe Ihr Pferd Ihnen den Gehorsam aufkündigt.

Je jünger das Pferd ist, desto kürzer ist seine Aufmerksamkeitsphase. Wenn Sie mit Fohlen arbeiten, genügen schon wenige Minuten. Und selbst mit älteren Pferden sollten Sie nie länger als 10 bis 15 Minuten konzentriert „spielen".

Sind wir so weit, daß wir harmonisch mit unserem Pferd spazierengehen können, werden wir den Tempowechsel ins Spiel bringen. Das heißt nicht, daß wir uns im Trab fortbewegen sollen. Spiele sollten fast ausschließlich im Schritt ausgeführt werden, weil dies die natürlichste Gangart des Pferdes ist. Wir nehmen dabei aber auch Rücksicht auf uns selbst, denn Spielen soll ja nicht anstrengend, sondern auch für den Menschen eine körperliche Entspannung sein.

Tempowechsel bedeutet vielmehr, daß wir einmal schneller, dann wieder langsamer gehen, wobei das Pferd sich unserem Tempo angleichen soll. Wir können das mit den Bemerkungen „Ganz laaaangsaaam!" und „Schnell, schnell!" oder „Tempo, Tempo!" stimmlich unterstützen.

Wir können auch ganz einfach nur die Schrittlänge verändern, worauf dies auch das nebenhergehende Pferd tut. Wieder dabei selbstverständlich die sprachliche Unterstützung mit „Laaaange Schritte!" und „Kurze Schritte!". Diese Spiele mit dem Tempowechsel führen allmählich zu einer guten Feinabstimmung zwischen Mensch und Pferd. Und man kann sie als Steigerung des Schwierigkeitsgrades auch bei vielen der in der Folge angebotenen Spiele einsetzen.

Auf dem Weg zur Harmonie

ANREGUNGEN ZU SPIELFORM 2

Auch bei dieser Art von Lernspielen kann man immer noch neue Versionen erfinden. Aber auch die Fülle der hier angeführten wird Sie und Ihr Pferd schon ausreichend lange beschäftigen.

Natürlich hängt es auch von den zur Verfügung stehenden Arbeitsmitteln ab, was Sie alles unternehmen können. Wir haben uns hier auf die ohnedies meist vorhandenen oder leicht zu beschaffenden beschränkt.

Selbstverständlich besteht eine gewisse Wechselbeziehung zwischen Spielform 1 und Spielform 2. Sie können bunt gemischt eingesetzt werden. Es ist nicht nötig zunächst alle Spiele der ersten Art durchzunehmen und erst dann zu Spielform 2 überzugehen.

REDEN SIE MIT IHREM PFERD!

Daß Sie mit Ihrem Pferd reden, ist ganz besonders wichtig. Je mehr Sie mit ihm sprechen, desto mehr wird es verstehen. In Gegenwart des Pferdes werden sonderbarerweise manche Leute plötzlich stumm, weil sie es für Unsinn halten, mit einem Tier zu sprechen, das sie ja ohnehin nicht verstehen kann.

Dies ist ein Irrtum, wie viele Menschen sehr bald entdecken. Und es erspart viele Schwierigkeiten, wenn unser Pferd unsere Anweisungen verstehen kann. Was natürlich nicht bedeutet, daß es sich auch immer danach richtet. Pferde haben eben auch ihren eigenen Willen, vor allem dann, wenn Futter lockt oder Koppelgefährten in der Nähe sind.

Je mehr wir mit unseren Pferden sprechen, desto mehr werden sie auch verstehen. Wer in Gegenwart seines Pferdes immer stumm bleibt, darf sich allerdings nicht wundern, wenn es dann mit einer mündlichen Kommunikation nicht klappt.

Wie wichtig es sein kann, daß Pferde auch unser gesprochenes Wort verstehen, merkt man, sobald eine gewisse Distanz zwischen uns und dem Pferd liegt, und wir ihm doch Wichtiges mitteilen müssen.

Wir machten Fotos für dieses Buch und hatten auf dem ohnehin etwas geneigten und unebenen Boden unserer Koppel gerade die Stangen mit viel Geschick in die entsprechende Position gebracht, als plötzlich einige neugierige Herdenmitglieder auftauchten, um die Stangen in näheren Augenschein zu nehmen. Der Ausdruck „Augenschein" ist nicht ganz wörtlich zu nehmen, denn Pferde benutzen dazu nicht nur ihre Sehwerkzeuge, sondern auch die Hufe. Und wenn sie damit etwas in Bewegung setzen können, bereitet das besonderen Spaß.

Wir fürchteten also nicht zu unrecht für unsere mühsam aufgebaute Stangenlandschaft. Und als sich das erste der neugierigen Tiere unmittelbar vor unserem gerade fertiggestellten Engpaß befand, rief ich schnell:"Vorsicht! Beine heben!" Und siehe da, es funktionierte, wie sonst bei unseren Übungen. Giovanotto hob plötzlich seine Beine tüchtig an und stieg ganz vorsichtig über die Stangen, ohne eine einzige zu verschieben oder auch nur zu berühren. Sie werden in der Folge bei den verschiedenen

Spielen noch entdecken, wie wichtig es ist, mit Ihrem Pferd auch mündlich zu kommunizieren.

MIT MUSIK GEHT ALLES BESSER

Pferde haben ein gutes rhythmisches Gefühl und Freude an Musik. Also machen wir ihnen die Freude, gelegentlich bei Musik zu arbeiten. Auch für die Tempounterschiede erweist sich musikalische Untermalung als sehr geeignet.

Gibt es keine Möglichkeit Radio oder Tonband einzusetzen, könnten Sie auch jemanden bitten, einfach auf einem Blechkübel Rhythmen zu klopfen. Und wenn Sie ganz auf sich angewiesen sind, singen Sie einfach! Ihr Pferd wird es Ihnen nicht übel nehmen, wenn Sie nicht gerade im Belcanto geschult sind oder gar einmal ein paar falsche Töne einfügen. Allerdings würde ich nicht unbedingt ein Wiegenlied auswählen, sondern eher etwas rhythmisch gut Akzentuiertes. Es kann auch ruhig ein Rock'n' Roll sein.

Gar nicht so einfach für Mensch und Pferd wird es, wenn man die Musik zeitweise abbrechen läßt und das sofort mit einer Haltparade unterstreicht, unmittelbar beim Wiedereinsetzen der Musik aber wieder losgeht. Nur darf das Pferd nicht von selbst anhalten, sondern dies erst auf Ihr Zeichen hin tun. Allerdings sollte man diese Übung nur gelegentlich durchführen, sonst lernt das Pferd, bei Aussetzen der Musik stehenzubleiben, was auf einem Turnier zum Beispiel recht unangenehm werden kann. So empfiehlt sich also, beim Aussetzen der Musik manchmal das Signal zum Anhalten zu geben, ein anderes

Mal wieder nicht. Das Pferd hat sich nach Ihrer Anweisung zu richten.

Die Musik können Sie übrigens auch bei vielen anderen Übungen als Background laufen lassen. Da macht die Arbeit mehr Spaß, und Ihr Pferd gewöhnt sich daran, daß Musik keine Gefahr bedeutet.

SCHAU HIN UND HEB DEINE BEINE!

Stangen sind die Basis für viele Spielmöglichkeiten. Stangen sind fast überall vorhanden, notfalls kann man sie auch sehr preiswert über das nächste Forstamt beziehen. Auch kantige Balken aus dem nächsten Baumarkt sind durchaus brauchbar. Sie müssen gar nicht bunt bemalt sein. Naturbelassene tun es auch. Obwohl ein paar buntgestrichene, schon ein schönes Bild machen und außerdem durch ihre Farbe mehr Freude ins Spiel bringen. Am besten verwendet man ganz gewöhnliche Stangen, die nicht wie die Cavaletti an beiden Enden bereits das Stellkreuz befestigt haben.

Ich würde Ihnen eine handliche Länge empfehlen, damit Sie sich nicht jedesmal abschleppen, sondern die Aufbauten ganz allein und ohne nennenswerten Krafteinsatz bewältigen können. Zwei Meter wäre eine durchaus handliche Länge. Wenn Sie Vier-Meter-Stangen erwerben, schneiden Sie diese einfach in der Mitte durch!

Was ist an den Stangen so Besonderes dran? Kaum ein anderes Gerät ist so vielfältig einsetzbar wie Stangen. Abgesehen von den üblichen Anwendungsmöglichkeiten, sind der Phantasie keine Grenzen gesetzt. Im Prinzip kann man sie jeden Tag anders verwenden, was die

Über die Stangen gehen mit deutlichen Handzeichen

tisch funktioniert und daher keiner besonderen Aufmerksamkeit bedarf. Selbst gut ausgebildete Dressurpferde haben manchmal noch Probleme, ihre Hinterhand bewußt und richtig zu setzen, wenn es über Stangen geht.

So ist es zunächst die Aufgabe des Menschen, sich um ihres Pferdes Hinterbeine zu kümmern und das Tier darauf aufmerksam zu machen, daß es diese auch korrekt setzen muß. Da sind alle Spiele, bei denen es über Stangen steigen muß, von größtem Nutzen.

Da unsere Pferde sich vorwiegend auf den absolut ebenen Böden von Reithallen und Reitplätzen bewegen, ja selbst die Ausläufe des Offenstalls unverständlicherweise manchmal so plan und geschniegelt angelegt sind, daß die Tiere nicht auf ihren Weg achten müssen, ist ihre Trittsicherheit ohnedies stark beeinträchtigt. Pferde, die schon über die kleinste Bodenunebenheit stolpern, sind heute nicht mehr die Ausnahme, sondern schon eher die Regel. Das Spiel mit Stangen kann da wenigstens ein bißchen Abhilfe schaffen.

So besehen ist das korrekte und fehlerfreie Übersteigen von drei, vier oder fünf Stangen eine gar nicht so leichte Übung, die sich aber als sehr zweckmäßig erweist und die drei K (Kooperation, Körpergeschicklichkeit und Konzentration) merkbar fördert.

Nicht nur das Pferd ist hier gefordert, sondern auch der Mensch. Er wird nämlich schnell feststellen, daß man verflixt aufpassen muß, wenn man das Pferd führen, es dabei auf das Füßeheben aufmerksam machen muß und gleichzeitig selbst fehlerfrei die Stangen übersteigen soll, wo man doch seine Augen eigentlich bei den Beinen von Freund Pferd hat.

Freude des Pferdes sicher deutlich erhöhen wird.

Daß ein Pferd über Stangen, die auf dem Boden liegen, steigen kann, ist doch keine Sensation, werden Sie meinen? Das ist ein Irrtum. Pferde haben vier Beine. Das bedeutet, daß es zwei Achsen gibt, von denen die hintere für das Pferd nicht gut einsehbar ist. Wenn es mit den Vorderbeinen über die Stange steigt, kann es genau hinsehen und die Beine entsprechend heben und richtig aufsetzen. Die Hinterbeine läßt es dabei zunächst völlig außer acht. Daher stößt es dann mit der Hinterhand an die Stangen an, steigt auf sie drauf, schleift sie ein Stück mit. Besonders schwierig wird es dadurch, daß sich das Pferd ja schon wieder mit den Augen auf die nächste Stange konzentrieren und bereits die Vorderbeine heben muß, während es mit den Hinterbeinen noch die vorhergehende überwinden soll.

Viele Pferde schleifen überhaupt die Hinterbeine lässig nach und heben sie nicht ordentlich, was sie bei den Stangen dann um so eher in Schwierigkeiten bringt. Das Bewußtsein für ihre Hinterhand ist beim Pferd zunächst überhaupt nicht sehr stark ausgeprägt. Das ist für sie ein Körperteil, der ohnedies automa-

Das Phänomen dabei ist: Wenn der Mensch schludert, gegen die Stangen stößt und gar stolpert, so wird dies auch das Pferd tun. Das Beispiel des Menschen spielt hier eine ganz große Rolle. Also: Achten Sie auf Ihre eigenen Füße, heben Sie diese ganz besonders deutlich, während Sie zum Pferd etwa sagen: „Vorsicht, Füße heben!" Je deutlicher Sie Ihre Beine heben, desto eher wird auch das Pferd dies tun und darauf achten, die Stangen nicht zu berühren.

Es gibt immer wieder Pferde, die überhaupt nicht auf die Stangen achten, ihre Beine trotz nachhaltiger Aufforderung nicht heben, sondern irgendwohin treten und dabei die Stangen einfach wegkicken. Das erfordert keinerlei Mühe, da die Stangen zumeist rund sind und daher leicht bewegt werden können. Diesen „Spezialisten" muß man es unmöglich machen, die Stangen weiterzurollen und sie so zwingen, doch ihre Beine zu heben. Zu diesem Zweck kann man die Stangen links und rechts in Autoreifen stecken und so fixieren oder lange Latten mit Kerben versehen, die man links und rechts der Stangenreihe auflegt und die Stangen in die Kerben einlegt. Hat man gar nichts anderes zur Hand, kann man die Stangen auch mit schweren Steinen am Davonrollen hindern. Da dieses Stangensteigen wesentlich mehr Konzentration erfordert, als man gemeinhin annimmt, sollte man sich jetzt nicht auf endlose Wiederholungen einlassen. Die Konzentration würde rapide abfallen und das Pferd nur mehr dahinstolpern. Das aber muß unbedingt vermieden werden.

Jedoch kann man bei der Arbeit mit den Stangen unendlich viele Variationen finden:

Wenn man die Stangen mit beiden Enden in Autoreifen steckt, sind sie gut befestigt und können nicht mehr weggerollt werden. Hier muß das Pferd unbedingt seine Beine heben.

- Man kann den Abstand zwischen den Stangen ändern, man kann die Abstände enger, weiter oder auch unregelmäßig machen.
- Man kann eine der Stangen höher legen, so daß das Pferd hier gut taxieren muß.
- Man kann die Stangenzahl von anfangs drei bis auf acht oder sogar zehn erhöhen. (Mehr würde ich nicht empfehlen!)
- Man kann die Stangen statt in gerader Reihe auch in einem leichten Bogen auflegen.
- Man kann um die Stangen Slalom gehen. (Über das Slalomgehen reden wir aber später.)

Weitere Variationen finden Sie im nächsten Spiel.

VON DREIECKEN, KREISEN UND LABYRINTHEN

Keine Angst: Hier begeben wir uns nicht in den Bereich der Geometrie! Wir variieren nur die Stangenarbeit und dringen so mit dem Pferd in die höheren Gefilde der Körpergeschicklichkeit vor.

Die Stangen erfordern wenig Vorbereitungszeit und bieten immer noch mehr Spielmöglichkeiten. Mit wenigen Handgriffen kann die Situation verändert und eine neue Variante geboten werden.

Ein wunderbar vielseitig nutzbares Stangengebilde ist das Dreieck. Hier kann man durch schmale Passagen gehen und über Stangen steigen wunderbar kombinieren. So läßt man das Pferd über eine Stange steigen und verläßt das Dreieck durch die gegenüberliegende schmale Öffnung, kehrt in einem großen Bogen zurück, um durch eine andere Öffnung das Dreieck zu betreten und über eine weitere Stange zu verlassen.

Stangen in einem großen Kreis ausgelegt können komplett im Kreis über-

stiegen werden, wobei man abwechselnd den Menschen oder das Pferd in der kreisinneren und damit engeren Seite gehen läßt. Man kann den Kreis auch an einer beliebigen Stelle verlassen oder betreten, was wieder volle Konzentration auf die Beine verlangt.

Bei Linda Tellington-Jones gibt es auch die Spinne, wo die kreisrund ausgelegten Stangen in der Mitte auf einer Erhöhung (z.B. Autoreifen oder gar Strohballen) ruhen, so daß variiert werden kann, wie hoch die Beine gehoben werden müssen. Vorsicht ist nur insofern geboten, als das Anheben der Beine auf eine Höhe von 30 oder mehr Zentimeter den Rücken sehr belastet. Daher sollte man mit diesen Übungen sparsam umgehen und immer nur einige Stangen ins Arbeitspensum einbauen. Bei Pferden mit Rückenproblemen sollte man davon überhaupt Abstand nehmen.

Noch komplizierter wird es, wenn die Stangen in Form eines L ausgelegt sind. Es ist ausgesprochen schwierig, ein Pferd so um einen Winkel von 90 Grad gehen zu lassen, daß es dabei nicht aus dem L hinaustritt. Das ist nicht nur für das Pferd kompliziert, sondern ebenso für den führenden Menschen, denn er muß für die Hinterhand des Pferdes mitdenken. Wer das L mit seinem Pferd vorwärts schafft, kann später auch versuchen, das Pferd rückwärts durch das L gehen zu lassen. Er wird dabei gehörig ins Schwitzen kommen. Das ist absolut keine Übung für Anfänger!

Das Labyrinth ist im Prinzip eine Kombination aus lauter Ls. Es wäre vom Sattel aus wesentlich leichter zu bewältigen als vom Boden aus. Aber wir wollen es uns ja nicht leicht machen! Wenn man die Stangen zu Beginn möglichst weit auseinanderlegt, wird man sich besser

Das L zu passieren sieht leichter aus, als es ist.

Abb. unten Im Labyrinth. Der vor dem Pferdekopf ausgestreckte linke Arm der Pferdeführerin hemmt die Vorwärtsbewegung des Pferdes und weist gleichzeitig die neue Richtung.

zurechtfinden. Egal ob L oder Labyrinth, beide Übungen bieten für Mensch und Pferd gehörige Schwierigkeiten und es sind Spiele für Fortgeschrittene, die es sich nicht gern leicht machen. Aber bei kaum einer andern Übungen ist die Feinabstimmung zwischen Mensch und Pferd so intensiv und nachhaltig wie bei L und Labyrinth. Je breiter man die Gänge des Labyrinths anlegt, desto leichter wird man damit zurechtkommen. Für schon Fortgeschrittene können dann die Gänge enger gemacht werden.

Doch ehe Sie sich auf L und Labyrinth einlassen, sollten Sie die Übungen des folgenden Abschnittes durchführen.

Der Engpaß

NUN WIRD ES ENG

Wie wir schon gehört haben, gibt es zwei Möglichkeiten des Führens: Man geht vor dem Pferd her oder man geht in Augenhöhe neben dem Pferd her.

Position 1, vor dem Pferd, scheint die sowohl für Mensch als auch für Pferd einfachere zu sein, weil keinerlei Signale nötig sind und das Pferd ganz einfach hinterher folgen muß. Sie hat allerdings einen Nachteil: Wenn das Pferd seinen Menschen nicht respektiert, dann wird es ihm nicht nur nachfolgen, sondern ihm auf die Fersen steigen, an ihm vorbeirennen oder ihn gar umstoßen. Dazu genügt manchmal schon ein gar nicht bös gemeinter aber etwas zu heftiger Stupser mit dem Maul.

Auch wenn das Pferd aus irgendeinem Grund in Panik versetzt wird, und dazu reicht schon ein über den Boden flatterndes Papiertaschentuch, tritt es die Flucht nach vorne an und bringt den Menschen in Gefahr.

Vor dem Pferd herzugehen ist also nicht immer ratsam. Aber es gibt Gelegenheiten, bei denen ein Nebenhergehen nicht möglich ist, etwa auf einem ganz schmalen Pfad oder durch ein enges Tor.

Und da ist es nun nötig, daß das Pferd auch artig hinter seinem Menschen bleibt, ohne diesen in Gefahr zu bringen. Das Pferd muß lernen, dem Menschen wohl nachzufolgen, aber ihn nicht zu berühren, sondern einen kleinen Respektabstand dazwischen zu lassen. Manche Pferde haben damit so ihre Schwierigkeiten.

Um das im Spiel zu üben, kommen wir wieder auf die Stangen zurück, die wir nun so legen, daß eine Gasse entsteht. Zur Erleichterung beginnt die Gasse zunächst in üblicher Breite und verengt sich dann trichterförmig. Der Mensch darf es sich nun aber nicht leicht machen und einfach außerhalb der Stangen weiter neben dem Pferd hergehen, sondern er muß führend sich vor dem Pferd bewegen. Die Position vor dem Pferd sollte er erst einnehmen, wenn die Gasse entsprechend eng wird.

Falls das alles nicht ganz klappt, kann man anstelle der Stangen Strohballen auflegen, die eine Gasse deutlicher markieren als Stangen.

Man kann auch das Dreieck zu diesen Übungen nützen, indem man beim Durchschreiten der geöffneten Ecken gleichfalls sich selbst vor dem Pferd hindurchbewegt statt daneben über eine Stange zu steigen. Dabei wird das Pferd zunächst durch entsprechende Armbewegungen nach hinten verwiesen und auf Abstand gehalten. Man könnte auch eine Reitgerte als „Abstandhalter" verwenden.

SLALOM - NICHT NUR FÜR SCHIFAHRER

Hier ist die nächste Übung, die vom Sattel aus für den Menschen viel einfacher wäre als vom Boden aus. Nur, vom Boden aus kann man wesentlich mehr profitieren, der Mensch ebenso wie das Pferd.

Für den Anfang wären die rot-weiß gestreiften Hütchen sehr nützlich. Sie müssen diese aber nicht bei der nächsten Baustelle mitgehen lassen. Wenn Sie kein einschlägiges Fachgeschäft (Baustellenbedarf) in der Nähe haben, können Sie sich aus Karton Ersatz schaffen, den sie als Quader oder Kegel formen. Auch dünne Stangen, die man in den Boden steckt, sind nützlich, ja sogar einfach zu umrunden. Allerdings ist es mancherorts sehr schwierig, sie in den Boden zu stecken.

Beginnen Sie mit einem weiten Abstand der Hütchen, das ist einfacher, weil Sie das Pferd nicht so stark biegen

müssen. Vier Hütchen genügen für den Anfang, später kann man den Slalom beliebig verlängern. Und nun versuchen Sie, den Slalom zu absolvieren, indem Sie vor dem Pferd hergehen. „Kein Problem!" werden Sie sagen, nachdem Sie es probiert haben. Und es ist wirklich kein Problem, weil sie alles dem Pferd überlassen haben, das aber seinerseits auch nichts anderes tut, als hinter Ihnen herzulaufen.

Nun wird's aber schwieriger. Jetzt sollen Sie nämlich neben dem Pferd hergehen und müssen auch für dieses denken. Wie bekommt man einen Vierbeiner so um die Kurven, daß er mit den Hinterbeinen nicht auf die Hütchen tritt? An welcher Stelle muß ich den Kopf des Pferdes umstellen? Wie weit muß ich zur Seite ausbiegen? Das sind knifflige Probleme! Noch dazu muß man beim Bogen nach rechts ganz anders führen als beim Linksbogen.

Wenn es endlich klappt, dann stellt man die Hütchen näher zusammen und entdeckt, daß es jetzt wieder ganz anders aussieht, die Umstellung des Kopfes noch früher erfolgen muß, aber doch nicht zu früh, weil sonst das Pferd den vorhergehenden Bogen noch nicht beendet hat und unweigerlich mit den Hinterbeinen auf die Hütchen steigt. Deshalb muß man deutlich weiter ausbiegen, um dieses Problem zu lösen. Auch die Körperlänge hat einen Einfluß darauf, wann und wie das Pferd zu biegen ist.

Man kann auch die Stangen, die noch vom Darübersteigen auf dem Boden liegen, für einen Slalom nützen. Ganz schön kompliziert! Die Schwierigkeit besteht darin, daß das Pferd zwischen den Stangen, die ja doch zwischen zwei und vier Metern lang sind, geradege-

richtet wird, dann aber in einem besonders engen Bogen in die nächste Gasse
zurückgeführt werden muß. Hier geht
es wirklich schon um Feinabstimmung
zwischen Mensch und Pferd. Ein hefti-
ges, stürmendes Pferd ist dieser Übung
nicht gewachsen. Es muß dazu angehalten werden, langsam und kontrolliert
vorwärtszugehen. Aber eigentlich sollte
es das bei den vorhergegangenen Spielen
schon gelernt haben.

Lustig ist auch ein Slalom um eine
Reihe von Stühlen, auf denen Menschen
sitzen.

BRETTER FEST UND BEWEGLICH

Einer der Gründe, warum Pferde nicht
in den Transporter einsteigen wollen, ist
das dumpfe Geräusch, welches die Bretter der Treppe machen, sobald das Pferd
mit seinen Hufen darauf tritt.

Auch Brücken verursachen ähnliche
Geräusche, und manche Pferde mögen
das absolut nicht leiden, so wie meine
Stute Nasireh. Wir hatten seinerzeit
eine kleinere Graskoppel anschließend
an unsere Offenstallhaltung. Da dazwischen ein kleiner Bach liegt, mußten die
Pferde diesen mittels einer schmalen
Holzbrücke überqueren. Die meisten
Pferde gingen, im Anblick des
verlockenden Grüns problemlos hinüber, zumal sie ja als Pulk von acht, zehn,
zwölf oder mehr Pferden unterwegs
waren und so gewissermaßen hinüber-
gespült wurden. Unser Halbaraber
Gamil mißtraute unserer Brückenbau-
kunst und übersetzte den Bach zumeist
mit einem weiten Sprung. Nur Nasireh
weigerte sich schon als Fohlen standhaft
über die Brücke zu gehen. Obwohl ihre

Mutter mehrmals zurückkam, um sie zu
holen, auch die anderen Fohlen immer
wieder versuchten, sie mit hinüberzu-
nehmen, betrat sie niemals die Brücke.

Wenn wir die Pferde auf die Graskoppel ließen, um ungestört Heu in die
Scheune zu führen, mußten wir Nasireh
in die Box sperren, damit sie nicht
durch die geöffnete Koppeltür ins Freie
entwischte. Nachdem sich dies zweimal
wiederholt hatte, erschien sie schon jedesmal, wenn wir die anderen Pferde auf die
Wiese entließen, vor der Boxentür, um
eingesperrt zu werden.

*Dem Pferd wird
Zeit gelassen, sich
mit dem Brett aus-
einanderzusetzen.
Konsistenz und
Klang des Brettes
sind interessant,
auch der Geruchs-
sinn ist beteiligt.*

*Durch die gebückte
Haltung zeigt Doris
dem Pferd, das hier
erstmals die Wippe
überquert, daß es
auf seinen Weg ach-
ten muß. Der rechte,
hier nicht sichtbare
Arm weist das
Pferd in die Mitte
des Brettes.*

Nasireh kommt schief auf die Wippe, das kann nicht funktionieren. Es nützt auch nichts, ihren Kopf mittels Seil nach rechts ziehen zu wollen. Beste Lösung: Den Versuch abbrechen und neu beginnen.

Als sie dann eines Tages mit dem Transportanhänger fahren mußte, dauerte es eine gute Stunde, bis sie von einem wirklichen Spezialisten im Pferdeverladen dazu überredet werden konnte, über die Treppe in den Anhänger zu gehen. Durch mehrmaliges Fahren hat sie ihre Scheu vor Holzbrücken abgelegt, allerdings haben wir mittlerweile die Graskoppel nicht mehr.

Aus dieser Erfahrung haben wir gelernt und üben mit Pferden, die transportiert werden müssen, aber auch mit den anderen Pferden der Hippagogischen Station, über Bretter gehen.

Diese Übungen sind aber auch für Pferde, die niemals transportiert werden müssen, durchaus nützlich.

Wir verwenden für diese Spiele ein aus festen, etwa 5 cm dicken Bohlen zusammengesetztes Brett, das ungefähr 2,7 bis über 3 Meter lang und mindestens 80 cm, besser aber einen Meter breit ist. Daß es möglichst dick und stabil sein soll, hat seinen Grund, weil wir es nämlich noch für andere Übungen brauchen.

Sobald ein Pferd zum erstenmal einen Huf auf das Brett setzt, kann es passieren, daß es ihn sofort wieder zurückzieht und, zur Mumie erstarrt, vor dem Brett stehenbleibt.

Darum ist es zunächst einmal wichtig, daß wir selbst als erstes über das Brett gehen, wobei wir so energisch auftreten, daß das Pferd schon ein wenig den Klang der Bohlen hören kann. Es wird eher uns folgen, als allein als erster über das Brett zu steigen. Um es leicht zu machen, wird das Brett zuerst der Breite nach überquert. Wir lassen dem Pferd dabei Zeit, sich mit der Situation vertraut zu machen, das Brett zu beriechen, mit dem Huf darauf herumzukratzen, vorsichtig draufzusteigen und den Huf schnell wieder zurückzuziehen. Das Seil, mittels dessen wir mit dem Pferd in Verbindung sind, muß lose durchhängen. Es wäre völlig falsch, daran zu ziehen. Das Pferd soll sich so frei wie möglich fühlen.

Sollte das Pferd so überhaupt nicht bereit sein, das Brett zu betreten, kommt Bestechung ins Spiel. Ein paar Stück Pferdebelohnung, altes Brot, eine Karotte, was immer zur Hand ist, wird auf das Brett gelegt, allerdings möglichst so weit zum anderen Rand, daß das Pferd genötigt ist, einen Fuß auf das Brett zu setzen, um das gewünschte Stück zu erreichen.

Wo auch Futter nicht genügend Verlockung ist, muß ein anderes Pferd als Anführer her. Dies sollte erstens ein ranghohes Tier sein, möglichst überhaupt die Leitstute, und man sollte sicher sein, daß dieses Pferd das Brett ohne Widerstand überqueren wird.

Sobald es mit dem Überqueren der Breite nach klappt, geht man der Länge nach über das Brett. Man kann das Brett nun in die verschiedenen Stangenübungen einbauen, indem man es einfach irgendwo dazwischen plaziert.

Wenn das Pferd keinerlei Scheu mehr vor dem Brett hat, kann man sich an das wagen, was mir und vielen Pferden beim Westernreiten immer so großen Spaß bereitet hat: Jetzt kommt, Sie haben es erraten, die Wippe ins Spiel. Leider sind bewegliche Hindernisse beim Trail ja nicht mehr erlaubt, aber zum Spaß für Mensch und Pferd kann man sie immer noch nützen. Unser Brett sollte auf der Unterseite zwei Querleisten haben, die jeweils 10 bis 12 Zentimeter von der Mitte entfernt sind. Dazu brauchen wir als Auflage für das Brett noch einen Rundling, der ebenso lang zugeschnitten ist wie das Brett breit ist und in seinem Durchmesser (20 cm oder auch mehr) locker zwischen die beiden Querleisten paßt. Am besten beschaffen Sie zuerst den Rundling und montieren danach die Querleisten. Zwischen Rundling und Querleisten muß soviel Platz sein, daß man problemlos schaukeln kann.

Und nun sollten Sie das Pferd langsam über die Wippe führen, indem Sie damit bei der auf dem Boden aufliegenden Seite beginnen. Hier gehen Sie aber neben dem Brett her. Würden Sie sich ebenfalls auf die Wippe begeben, würde das zu Komplikationen führen.

Das Pferd muß möglichst genau auf die Mitte des Brettes zugeführt werden und soll sich später auch immer möglichst nahe der Mittellinie bewegen, damit es nicht links oder rechts herun-

terfallen kann. Darauf muß der Pferdeführer achten.

Sie müssen das Pferd dazu veranlassen, sich auf dem Brett langsam weiterzubewegen. Manche Pferde neigen dazu, das ihnen unangenehm Erscheinende im Laufschritt hinter sich zu bringen, und das könnte in diesem Fall schlimm ausgehen.

Die Mindestbreite für das Brett beträgt 80 cm, wir würden aber 1 Meter oder noch ein bißchen mehr empfehlen. Bei schmäleren Brettern ist die Gefahr, daß das Pferd seitlich heruntertritt, zu groß.

Entscheidend für den Erfolg dieser Übung ist natürlich jener Moment, in dem das Brett kippt. Das Pferd sollte da nicht schneller werden und die Flucht nach vorne antreten, sondern ebenso gelassen wieder zum Boden hinunterschreiten.

Manche Pferde lieben es, sobald sie die Sache beherrschen, in der Mitte stehen zu bleiben und regelrecht zu schaukeln.

Viele Pferde finden sehr schnell Gefallen an diesem Spiel. Und manche Pferdebesitzer erzählen, daß bei ihnen die Wippe zeitweise in der Koppel herumsteht und von den Tieren ganz allein zum Schaukeln genutzt wird.

TUNNELS SIND UNHEIMLICH

Das Pferd ist kein Höhlenbewohner sondern ein Kind der freien, weiten Steppe. Sein Instinkt sagt ihm, daß es nur da sicher ist, weil es Gefahren rechtzeitig erkennen und ihnen entfliehen kann. Darum betreten Pferde nur sehr ungern Räume die eng, geschlossen und dunkel sind. Ja selbst wo über ihnen noch der freie Himmel sichbar, aber der Blick zur Seite durch enge Wände versperrt ist, erscheint es ihnen gefährlich. Das wird spätestens beim Verladen in einen Transporter zum Problem. Damit das Pferd nicht sowohl beim Einsteigen als auch beim Fahren Todesängste aussteht, wird man versuchen, diese Ängste abzubauen oder zumindest zu mildern.

Bauen Sie sich Gassen, durch die Sie Ihr Pferd führen. Es gibt viele Möglichkeiten, Gassen zu bauen, und man sollte auch mehrere Variationen nützen. Zunächst sind die Gassen oben offen, sehr breit und nicht sehr hoch an den Seiten begrenzt.

Benützen Sie dazu Strohballen, die man zuerst flach auflegt, dann aufstellt. Um die Wände zu erhöhen, kann man dann zwei Ballen übereinanderlegen.

Bedecken Sie die Ballen seitlich mit Plastikplanen, so daß sie nicht mehr als Strohballen zu erkennen sind. Es spielt gar keine Rolle, wenn die Planen ein wenig rascheln. Wenn Sie keine entsprechend großen Planen besitzen, können Sie auch Decken darüberlegen.

Wenn Sie über eine größere Zahl von Fässern verfügen, können Sie auch aus diesen eine Gasse bauen.

Stellen Sie zwei Stuhlreihen oder zwei Sitzbänke als Gasse auf und belegen Sie diese Sitzgelegenheit zunächst einmal mit allerlei Gegenständen wie Sattel, Stiefel, Kleidungsstücken, später lassen Sie Menschen darauf Platz nehmen. Und diese sollen sich nicht ruhig verhalten, sondern miteinander reden, singen, mit den Händen gestikulieren...

Oder bauen Sie vier Türme aus Strohballen und verbinden sie je zwei mit einer Stange, über die Sie eine Decke hängen. So können zwei entsprechend

hohe Wände entstehen. Wer über Hindernisständer verfügt, kann anstelle der Strohballen auch diese Steher mit einer Stange verbinden.

Mit all diesen Versionen können Sie nun verschiedene Spiele spielen:
- Sie gehen voraus, das Pferd folgt hinterher.
- Sie gehen neben dem Pferd und führen es.
- Und nach vielen einschlägigen Übungen schicken Sie als Höhepunkt das Pferd allein durch den Gang.

Dazu brauchen Sie anfangs allerdings einen Helfer, der das Pferd vor den Eingang stellt, während Sie am anderen Ende des Ganges mit einer deutlich sichtbaren Riesenkarotte oder dem Futterkübel warten. Eventuell kann, falls nötig, Ihr Helfer als treibende Kraft hinter dem Pferd hergehen. Schließlich schicken Sie Ihr Pferd, hinter ihm hergehend ganz ohne Helfer durch die hohle Gasse.

Sie werden feststellen, daß es kaum Probleme gibt, solange die Einfassungen der Gassen nicht höher sind als dreißig oder fünfzig oder siebzig Zentimeter. Sobald sie aber Bauchhöhe erreichen, beginnt sich das Pferd unsicher zu fühlen und ängstlich zu werden. Darum sollte man sich nicht damit zufriedengeben, wenn das Pferd problemlos durch eine Gasse aus Balken oder Strohballen geht, sondern sich auch eingehend mit höheren Wänden beschäftigen.

Die aus den Wänden gebildete Gasse muß anfangs möglichst breit sein. Man könnte sogar mit einer Breite von 1,50 Metern beginnen. Doch wird man nach und nach im Laufe der Übungen diese Gasse schmäler werden lassen und danach trachten, sie bis auf eine Breite von 80 Zentimeter zu verengern. Allerdings: Je enger die Gasse wird, desto kürzer sollte sie zunächst auch sein.

Haben Sie die Möglichkeit, Seitenwände bis zu einer Höhe von etwa 1,80 Metern aufzubauen, können Sie oben eine Plane darüberlegen und so einen kompletten Tunnel simulieren.

Wer einen Pferdetransporter besitzt, bei dem man auch vorne aussteigen kann, hat hier eine weitere Spielmöglichkeit zur Verfügung: Man spaziert mit dem Pferd über die Verladerampe hinein und vorne wieder heraus. Ein guter Test dafür, ob das Pferd seine Angst abbauen konnte oder zumindest beherrschen kann, und sehr nützlich, fall Sie vorhaben, mit Ihrem Pferd einmal zu verreisen.

PLASTIKPLANEN GIBT ES ÜBERALL

Schon bei Spielform 1 haben wir unsere Pferde mit Plastikplanen und Plastiksäcken konfrontiert.

Weil aber Pferde heutzutage ständig mit Plastikplanen und diversen Plastiksäcken konfrontiert sind, müssen wir diese glatten, raschelnden Dinge immer wieder sowohl in unsere Übungen als auch in die Partnerschaftsspiele einbeziehen.

Den Anfang machen wir mit einer nicht übermäßig großen Plane, die wir auf den Boden legen und rechts und links mit je einer Stange befestigen. Diese Stangen bilden gewissermaßen eine Gasse, in der sich das Pferd über die Plane bewegen soll. Man wird dem Pferd genügend Zeit lassen, sich mit diesem ungewohnten Bodenbelag auseinanderzusetzen. Es darf daran riechen und ihn mit den Hufen untersuchen.

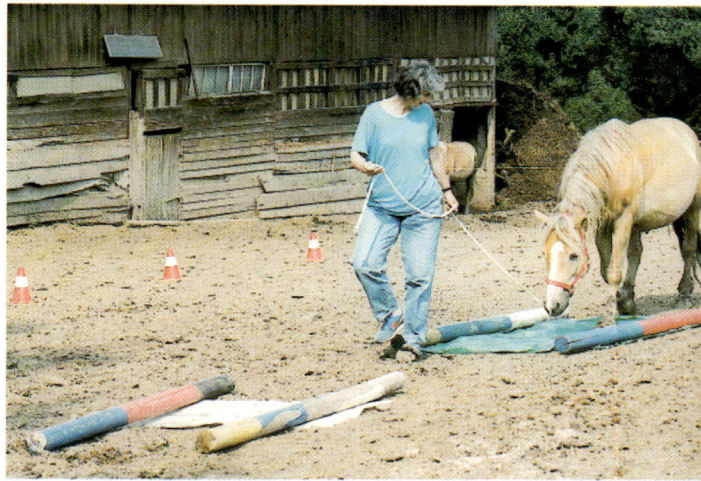

Gibt es Schwierigkeiten, treten wieder die Leckerli auf den Plan, die auf der Plane in Bewegungsrichtung aufgelegt werden. Auch ein erfahrenes Führpferd kann eingesetzt werden.

Später kann man eine große, möglichst farbkräftige Plane ausbreiten, die man mit Steinen gegen ein Verwehen schützt. Und nun spazieren wir mit unserem Pferd kreuz und quer herum und überqueren dabei auch immer wieder, wie zufällig, die Plane.

Ein andermal legen wir dem Pferd einen Plastiksack über den Rücken und gehen mit ihm spazieren.

Einen leicht gefüllten Plastiksack kann man auch als Hindernis zum Drübersteigen verwenden. Ob das Pferd darüber hinwegsteigt oder darauftritt, ist dabei völlig gleich.

STEHENBLEIBEN!

Es ist wichtig, daß ein Pferd nicht nur vorwärtsgeht, sondern auch stehenbleibt. Und zwar genau dort, wo wir es wünschen, genau zu dem Zeitpunkt, den wir entscheiden und so lange, wie es

Hier geht die Führperson ganz richtig voraus, um das Pferd von der Unbedenklichkeit der grünen Plane zu überzeugen. Die Stute Ginger hat den Kopf tief genommen, um diesen sonderbaren Bodenbelag genau in Augenschein zu nehmen, ihre Aufmerksamkeit ist auch an den gerichteten Ohren zu erkennen. Sie zeigt nicht Angst, sondern Neugier und Vertrauen.

Nun ist es möglich, neben Ginger herzugehen, weil die Plastikplane nicht mehr fremd, das eigenartige Bodengefühl und die Geräusche bekannt sind.

Voller Interesse nähert sich der Jährling dem eigenartigen Gebilde.

es grast, indem es sich langsam aber doch stetig weiterbewegt, oder es spielt oder ist auf der Flucht. Nur in den Ruhepausen steht es still oder liegt.

Dabei ist die Aufmerksamkeit des Tieres stets auf seine Umgebung gerichtet, damit es auch die kleinste Gefahr rechtzeitig erkennt. Sogar wenn alle Pferde liegend ruhen, gibt es eine Wache, welche stehenbleibt und die Umgebung fest im Auge behält. Wenn diese Wache müde wird und sich hinlegt, steht sofort ein anderes Pferd auf und übernimmt den Posten. Ruhig dazustehen ohne auszuruhen, ist dem Pferd von Natur aus fremd.

Da wir es aber bei der Zusammenarbeit mit unserem Pferd immer wieder brauchen, ist das etwas, das wir im Spiel üben sollten. Darum wird man bei all den hier angeführten und den noch folgenden Spielen auch einen Halt einlegen. Nur kurz anhalten oder länger stehenbleiben sollte abwechseln. Wobei das Pferd erst losgehen darf (oder sagen wir besser „sollte"), wenn wir es dazu auffordern.

Da Pferde nur dann ruhig stehen, wenn sie sich absolut sicher fühlen, müssen wir die Anforderungen allmählich steigern. Das heißt, wir verlangen ein Anhalten zunächst bei unseren Spaziergängen in der Koppel oder im Hof. Später aber dann an eher „unlogischen" Stellen, etwa zwischen den Stangen, während ein Bein noch hinter der vorhergehenden Stange steht oder erst ein Vorderhuf eine Stange überquert hat; oder mitten im Labyrinth; oder zwischen den Kegeln im Slalom; oder im schmalen Gang; oder auf einer Plastikplane etc..

Am besten beginnt man also mit einem einfachen Anhalten, auf das sehr

uns nötig erscheint. Das ruhige Stehen und Warten fällt vielen Pferden schwer. Es liegt nicht in ihrer Natur. Nur faule, müde und desinteressierte Pferde haben damit keine Probleme.

Das Pferd ist ein Bewegungstier, entweder geht es einem Ziel entgegen oder rasch wieder das Signal zum Weitergehen kommt. Wir wollen das Pferd ja nicht verdrießlich machen. Nur hie und da kann man ausprobieren, ob auch ein längeres Stehen möglich ist. Keinesfalls aber sollte man solange zuwarten, bis das Pferd von sich aus davongeht, sondern schon bei den geringsten Anzeichen einsetzender Unruhe wieder losgehen. Nie sollte es dem Pferd gelingen, das Kommando zu übernehmen.

Sobald das Pferd angehalten hat, muß man ihm unbedingt das Führseil lang lassen. So fühlt es sich sicher, kann seine Umgebung im Auge behalten und verhält sich ruhiger, als wenn es mit Gewalt festgehalten wird.

Gelingt es nicht, das Pferd nach Wunsch zum Stehen zu bringen, muß man mit Belohnungen arbeiten. Man läßt das Pferd nur wenige Schritte gehen und gibt schon das Kommando zum Halt. Bleibt das Pferd stehen, wird es gelobt und erhält auch ein Leckerli. Zunächst liegen immer nur wenige Schritte zwischen den einzelnen Halts. Das Pferd, das schon begierig auf sein Leckerli wartet, wird sehr langsam vorwärtsgehen und schon gespannt auf das nächste Haltkommando und sein Leckerli warten.

Nach und nach läßt man die Abstände zwischen den einzelnen Halts länger werden und gibt auch nicht bei jedem Halt, sondern nur gelegentlich ein Leckerli.

Diese Anhalteübungen sollte man mit stürmenden Pferden zu Beginn jeder Spielstunde wiederholen, um das Pferd an die Kommandos und die erwartete Reaktion zu erinnern.

Wenn das Pferd gelernt hat, ruhig zu stehen, kann man auch Wendungen auf engem Raum anschließen, wie zum Bei-

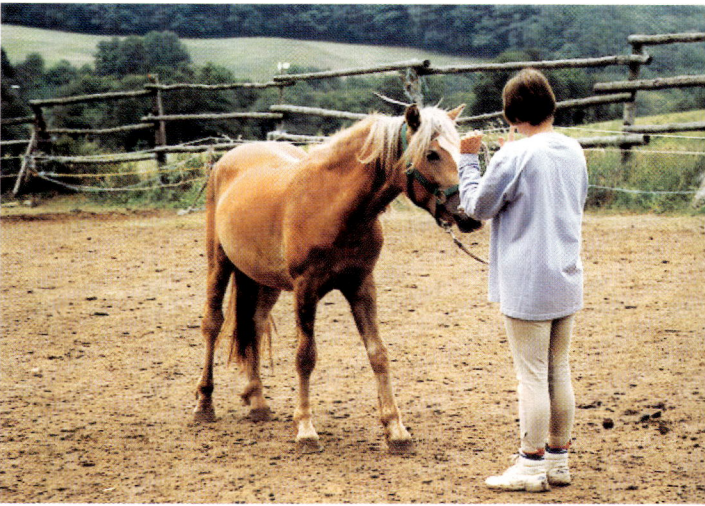

Stehenbleiben ist eine besonders wichtige Übung. Auch der zweijährige Najo muß das schon lernen.

spiel in der Mitte des Dreiecks oder in einem eigens ausgelegten Viereck. Hat Ihr Pferd dies gelernt, werden Sie auch im Gelände keine Schwierigkeiten erwarten, wenn Sie sich verritten haben und auf einem engen Fleck umdrehen müssen.

TRITTSICHERHEIT IST ANGESAGT

Die Entsorgung alter Autoreifen erweist sich oft als Problem. Nicht so für einen Pferdebesitzer, der mit seinem Pferd spielt. Reifen sind wir schon bei Spielform 1, aber auch schon bei der Arbeit mit Stangen begegnet.

Doch das ist noch nicht alles. Alte Autoreifen sind ein ganz wesentliches Spielmaterial auf dem Weg zur Trittsicherheit.

Legen Sie eine ganze Fläche mit Autoreifen aus. Sie können sie recht nahe aneinanderlegen, sie dürfen sich sogar berühren. Und nun versuchen Sie, dieses Reifenfeld mit Ihrem Pferd zu durchqueren. Dabei kommt ein großes Problem auf Sie zu, weil Sie selbst nämlich besondere Schwierigkeiten damit haben werden. Die menschlichen Füße bieten zwar von ihrer Konstruktion her eine ganz gute Standfläche, dafür benötigen sie aber auch viel Platz. Wo das Pferd locker einen Huf unterbringt und ihn auch mühelos wieder herausziehen kann, findet der menschliche Fuß zunächst einmal kaum Platz, und das Herausziehen ist überhaupt eine Sache für sich.

Wenn es also möglich ist, sollten Sie versuchen, Ihr Pferd so zu führen, daß Sie selbst neben dem Reifenfeld gehen können. Nur dann ist es Ihnen möglich, sich ganz auf das Pferd zu konzentrieren.

Und was soll nun das Pferd? Es soll auf seine Hufe achten und diese so setzen, daß es ohne nennenswerte Schwierigkeiten die Reifen überwindet. Wie es das tut, sollten Sie ihm überlassen. Es kann dazu in die Zwischenräume treten oder brutal auf die Reifen steigen oder geschickt zwischen den Reifen durchgehen. Das sollten wir ihm überlassen. Alle drei Versionen leisten ihren Beitrag zur Trittsicherheit.

Ein Reifengang zwingt das Pferd, darauf zu achten, wohin es seine Hufe setzt.

Was Sie nicht erlauben sollten: Daß das Pferd in Panik und ohne Rücksicht auf Verluste durch dieses Feld stürmt. Sie müssen es von Anfang an zu langsamer Gangart auffordern und es dazu bringen, sich Schritt um Schritt vorzuarbeiten. So ist es besser zunächst nur wenige Reifen aufzulegen und diese links und rechts mit Stangen zu begrenzen, um ein Ausweichen nach der Seite zu verhindern.

Als Einstieg bewährt sich überhaupt ein schmaler Stangengang in dem drei oder vier Reifen hintereinander plaziert sind. Der erste Reifen sollte etwa eineinhalb bis zwei Meter hinter dem Ganganfang liegen, die weiteren zunächst in einem Abstand, der es dem Pferd ermöglicht, seine Hufe dazwischenzusetzen. Wenn diese Version klappt, kann man die Reifen so legen, daß sie aneinanderstoßen.

MACHET AUF DAS TOR!

In Westernwettbewerben gehört das Öffnen und Schließen eines Tores vom Pferd aus zu den Pflichtübungen. Und so mancher Westernneuling ist daran schon gescheitert. Wer aber nun meint, zu Fuß sei die ganze Angelegenheit wesentlich einfacher, der möge es nur probieren!

Das Öffnen des Tores ist noch einfach, nicht schwierig auch das Durchgehen. Doch dann ergeben sich Probleme. Das Tückische daran ist wieder die Länge des Vierbeiners. Vor allem wenn das Tor an einer Gebäudewand liegt, ergeben sich Platzfragen. Wo bringt man das Pferd unter, während man die Tür schließt. In den meisten Fällen muß man das Pferd ganz herumdrehen, so daß es mit dem Kopf wieder zu dem eben durchschrittenen Tor schaut.

Versuchen Sie Ihre persönliche Version des Schließens zu erarbeiten. Im Bereich des Tores sollte sich kein Elektrozaun befinden, da es das Pferd sonst, infolge schlechter Erfahrungen, peinlich vermeiden wird, dem Zaun, aber auch dem Tor zu nahe zu kommen.

Bauen Sie sich aus Dachlatten ein ganz leichtes Holztor, das Sie bequem tragen können. Das ermöglicht es Ihnen, dieses Tor an den unterschiedlichsten Stellen aufzubauen, einmal an der Wand, ein andermal in der Mitte des Auslaufs oder gar im Stalleingang. Als Verschluß und „Angeln" bewähren sich feste Ballenschnüre ganz vorzüglich.

Damit das Pferd nicht die Gelegenheit wahrnimmt, an der Seite vorbeizugehen, können Sie mit den elastischen Elektrozaunpfählen und Schnüren eine Art Absperrung basteln, so daß das Tor auch einen Sinn bekommt.

Ein Tor aus Dachlatten ist schnell gebastelt und leicht zu transportieren.

und nun, wenn Sie sportlich sind, Ihrem Pferd vorzeigen, daß es drüberspringen soll, oder es einfach dazu aufmuntern und nebenhergehen. Jedoch müssen Sie es dann zumindest durch eine auffordernde Geste mit den Armen zum Springen animieren.

Was der deutsche Chiron-Fachmann Rolf Becher gern macht, Pferde über eine Schnur springen zu lassen, wäre natürlich auch eine Möglichkeit. Wenn Sie zwei Helfer haben, welche die Schnur halten, oder die Schnur an einer Seite irgendwo festmachen und nur die zweite Seite halten lassen, kann man die zu überspringende Höhe leicht variieren und, wenn das Pferd nicht hoch genug springt, durch schnelles Absenken der Schnur Schwierigkeiten vermeiden.

KLEINE SPRÜNGE, ABER KEINE SEITENSPRÜNGE

Manche Pferde springen gern und freiwillig. Andere nicht. Wie gern springen Sie eigentlich?

Davon hängt es nämlich ab, ob Sie bei dem kleinen Hupferl mitmachen, oder lieber neben dem Hindernis vorbeigehen und nur Ihr Pferd darüberspringen lassen.

Wenn Ihr Pferd nämlich gelernt hat, verläßlich neben Ihnen herzugehen und Ihren Anordnungen zu folgen, können Sie auch einmal eine Stange etwas höher legen, indem Sie diese auf zwei flachgelegte Strohballen oder Kübel postieren

SEILTÄNZER MIT ZWEI UND VIER BEINEN

Sich absolut geradeaus vorwärts zu bewegen, ohne hie und da nach links oder rechts wegzutaumeln, ist nicht jedermanns, aber auch nicht jederpferds Sache. Ein bißchen Übung kann dieses Gleichgewichtsgefühl verbessern. Beim Menschen ebenso wie beim

Pferd. Schon der schmale Gang hat manchem Pferd Probleme gebracht und die entsprechenden Übungen waren recht nützlich. Schwieriger als eine gerade Linie zwischen zwei Stangen einzuhalten, wird es aber, wenn das Pferd nun auf einem Brett entlanggehen muß.

Das Brett kennt es schon von anderen Übungen und von der Wippe her. Aber nun ist es nicht mehr so gemütlich. Das Brett, das wir nun benützen, ist wesentlich schmäler, und es erfordert nicht nur vom Pferd, sondern auch vom Pferdeführer entsprechendes Geschick. Für den Anfang erweist sich ein Brett von 50 Zentimeter Breite als brauchbar, 30 Zentimeter bedeuten auch für Routiniers schon allerlei Schwierigkeiten.

Vor allem muß man schon beim „Anmarsch" darauf achten, das Pferd völlig gerade auf das Brett zuzuführen, sonst klappt es überhaupt nicht. Keinesfalls darf man bei dieser Balanceübung eine schnellere Gangart zulassen. Schritt für Schritt mit jeweils einer Haltparade dazwischen, wäre hier am besten, obwohl das schnell Darübergehen oft leichter erscheint, weil man das Ende erreicht, ehe man aus dem Gleichgewicht kommt. Aber der Lerneffekt würde dabei nicht entstehen. Nur im langsamen und kontrollierten Gehen kann das Gleichgewicht wirklich ausbalanciert werden.

Während das Pferd auf dem Brett seine Übungen macht, geht der Mensch selbstverständlich nebenher. Aber dann ist der Mensch an der Reihe. Für ihn als Zweibeiner wird es noch etwas schwieriger. Er geht nämlich nicht ein auf dem Boden liegendes Brett entlang, sondern auf einer schmalen Bank. Das Pferd wird hoffentlich höflich genug sein, ihm im Bedarfsfall eine Stütze zu bieten.

Hierbei ist die Zusammenarbeit ganz besonders wichtig. Das Pferd muß sein Tempo unbedingt dem Menschen anpassen, was anfangs gar nicht so einfach sein wird.

DAS SCHAUT ABER GEFÄHRLICH AUS!

Was wir bisher mit unserem Pferd gespielt haben, können wir nun um einen Grad erschweren, indem wir es mit „Unheimlichem" kombinieren. Da ist wieder Ihre Phantasie gefragt.

Wir machen Ihnen nur für den Anfang einige Vorschläge:

Man kann an beiden Enden der Stangen Luftballons befestigen. Auf einem der Slalomhütchen dreht sich ein Windrad.

Beim Sesselslalom machen die dort plazierten Menschen Musik. Sie müssen dazu nicht ein ganzes Orchester organisieren. Es reicht, wenn einer summt oder singt, der andere auf einem Kübel den Rhythmus klopft, ein weiterer auf einer Mundharmonika oder irgendeinem anderen Instrument spielt. Auch eine Schellentrommel und Kastagnetten machen sich gut.

Neben dem Dreieck wird eine Fahne aufgestellt, die das Pferd nun im Laufe der Übungen von allen Seiten zu sehen bekommt.

Ein Spiel beginnt damit, daß man durch den Bändchenvorhang gehen muß, ehe man überhaupt sieht, was los ist. Ein andermal ist das Ziel hinter einem Bändchenvorhang verborgen.

Dann wieder ist der Weg über Stangen gegen Ende mit einem Hindernis verrammelt, und das Pferd muß den Rückweg antreten, indem es wendet oder vielleicht sogar rückwärts geht. Man sollte es vermeiden, den Stangenweg einfach nach der Seite zu verlassen, das wäre zu einfach. Am besten stellt man Fänge oder irgendwelche Hindernisse so auf, damit ein Verlassen nach der Seite nicht möglich ist...

Sie sehen schon: Variationen kann man immer noch finden. Die Spielmöglichkeiten sind praktisch unerschöpflich.

EIN KOMPLETTER PARCOURS

Aus mehreren dieser verschiedenen Spiele kann man einen kürzeren oder längeren Parcours zusammensetzen. Wer über genügend freien Raum verfügt, kann eine gewisse Anzahl von Hindernissen überhaupt zur ständigen freien Verfügung liegen lassen, die er jeweils bei einer kurzen Pause während der Reitstunde nützt. Die Reihenfolge, in der die einzelnen Hindernisse bewältigt werden, sollte allerdings ständig wechseln, auch die Art und Weise, in welcher man sie nützt. Abwechslung ist alles. Sie erhält das Interesse und fördert das Vergnügen.

Vielleicht laden Sie einmal auch ein paar Freunde zu einem Wettbewerb ein. Bauen Sie einen kleinen Trail auf, numerieren Sie die Hindernisse und legen Sie eine Bewertung fest. Sie können sich entschließen, ob Sie nur Gutpunkte zählen, also für einwandfrei bewältigte Hindernisse eine gewisse Anzahl von Punkten vergeben, oder die Fehler zählen, wobei vielleicht jedes Anstoßen an eine Stange, egal ob durch Pferd oder Mensch, einen Schlechtpunkt bringt, jedes unerwünschte Anhalten in den Hindernissen deren zwei usw.. Eine unparteiische Person notiert die Gut- oder Schlechtpunkte. Für den Sieger gibt es dann einen kleinen Preis oder eine Stallplakette.

KLETTERTOUREN

Für alle, denen nichts schwierig genug ist, gibt es noch die Klettertouren, bei denen wieder Pferd und Mensch gleichermaßen gefordert werden.

Es gilt, einen aus lauter Hindernissen der höchsten Schwierigkeitsklassen bestehenden Parcours gemeinsam zu bewältigen. Auf dem Reitplatz wird eine Fläche mit Stangen, Reifen, Hütchen, Strohballen, Bänken, Stühlen und ähnlichem so vollgepflastert, daß man dazwischen kaum seine Füße hinsetzen kann.

Nun versucht man, diese Fläche gemeinsam zu überqueren, ohne zu stolpern, ohne Hindernisse wegzukicken, ohne dem andern auf die Zehen oder Hufe zu treten. Nur wo die Zusammenarbeit zwischen Mensch und Pferd hundertprozentig funktioniert, wird dieses Vorhaben auch gelingen. Es ist nicht nötig, diese Hindernisfläche geradeaus zu bewältigen. Man kann auch Umwege machen und sich die leichteste Möglichkeit aussuchen. Man muß es aber vermeiden aus dieser belegten Hindernisfläche herauszutreten, ehe man die andere Seite erreicht hat.

Eigentlich ist dies eine Variation des Spieles von Spielform 1, das „Sich seinen Weg suchen" heißt. Der Unterschied besteht darin, daß hier nicht das Pferd allein unterwegs ist, sondern sich gemeinsam mit dem Menschen seinen Weg suchen muß. Die Zusammenarbeit wird hier auf eine harte Probe gestellt.

Da so viel Geschicklichkeit auch belohnt werden muß, sollten eigentlich am anderen Ende einige Leckerlis für das Pferd und ein Glas Fruchtsaft für den Menschen als Belohnung warten.

UND JETZT ALLES „OBEN OHNE"!

Keine Angst, hier folgt keine Aufforderung zu Entkleidungsszenen. „Oben ohne" gilt nur für das Pferd, das hier nun „nackt" zum Spielen antritt.

Sie haben jetzt in einer langen Reihe von Spielen die Intelligenz Ihres Pferdes gefördert, dessen Körpergeschicklichkeit trainiert und auch die Kooperation zwischen Mensch und Pferd ganz entschieden verbessert. Machen Sie nun die Probe aufs Exempel!

Wenn die Zusammenarbeit wirklich gut funktioniert, müßten Sie alle Spiele auch ohne Leitseil und Halfter ausführen können. Das Pferd sollte absolut aufmerksam und kooperationsbereit sein und in voller Konzentration Ihren Zeichen folgen.

Üben Sie dies aber unbedingt in einem abgezäunten Raum, der es unmöglich macht, daß das Pferd im Falle eines Erschreckens oder wenn es sich ganz einfach Ihrem Einfluß entzieht, selbst in Gefahr geraten oder andere in Gefahr bringen kann. Denn bei einer auch nur vermeintlichen Gefahr behält im Pferd immer der Instinkt die Oberhand über die gute Erziehung, und es begibt sich auf die Flucht.

Ein eingezäunter Reitplatz, eine Koppel oder ein auch weitläufiger eingezäuntes Grundstück sind der geeignete Ort für solche Spiele ohne verbindende „Nabelschnur".

Beginnen Sie mit den einfacheren Übungen: über Stangen steigen, Hütchenslalom, Dreieck. Wenn es nicht gleich klappt, machen Sie einen Zwischenschritt, indem Sie Ihrem Pferd das Führseil um den Hals legen und beide Enden in der rechten Hand halten. Wenn Sie Ihr Pferd schon bisher durch ein gelegentliches Leckerli bei Laune gehalten haben, wird es Ihre Nähe sehr zu schätzen wissen und auch ohne direkte Verbindung gern mitarbeiten.

Letztendlich macht man beim Arbeiten ganz ohne Hilfsmittel, also auch ohne Führseil und Halfter, die Probe aufs Exempel. Jetzt, wo wir keine Regulierungshilfen mehr zur Verfügung haben, zeigt sich, ob unsere Körpersprache so exakt und verständlich ist, daß das Pferd genau weiß, was wir wünschen. Es läßt sich einwandfrei feststellen, ob das Pferd Freude an der Arbeit hat, denn sonst kann es jetzt ja problemlos umdrehen und in den Stall zurückgehen.

Wenn alles oder zumindest das meiste auch ohne Hilfsmittel funktioniert, dürfen Sie stolz sein. Sie haben gute Arbeit geleistet. Und Sie sind mit Ihrem Pferd ein richtiges Team geworden. Wenn das eine oder andere nicht funktioniert, muß man das hinterfragen, denn dafür können verschiedene Umstände verantwortlich sein.

- Sind unsere Signale nicht klar und deutlich genug?
- Hat das Pferd Freude an den Spielen oder sind sie zur Arbeit und unliebsamen Pflicht geworden?
- Haben wir zu wenig Abwechslung geboten und so das Pferd „sauer" gemacht? Auch Spiele können langweilig und uninteressant werden.
- Haben wir die Spielzeiten zu lange

ausgedehnt, so daß das Pferd schon die Lust verlor, noch ehe wir Schluß machten?

- Haben wir die Aufgaben zu schnell aufeinanderfolgen lassen, so daß die Anforderungen zu rasch gestiegen sind? Auch unter den Pferden gibt es solche, die leicht lernen und andere, die sich schwerer tun. Die leicht Lernenden überfordert man gern, bei den langsam Lernenden wird man leicht ungeduldig. Nicht jeder Mensch ist als Pädagoge geboren.

- Respektiert uns das Pferd nicht in entsprechendem Maß und übernimmt immer oder auch nur zeitweise das Kommando

- Ist der Arbeitsplatz ungünstig und bietet zuviel Ablenkung? Allzusehr dürfen wir die Konzentrationsfähigkeit unseres Pferdes nicht strapazieren. Vielleicht ist die Lern-Athmoshäre zu einem anderen Zeitpunkt des Tages günstiger.

- Fühlt sich das Pferd allein am Platz nicht sicher und ist deshalb unruhig und unkonzentriert? Wenn es uns nicht als Beschützer akzeptiert, dann könnte ein weiteres Pferd auf dem Platz, mit dem aber ganz anderswo und selbständig gearbeitet wird, ihm mehr Sicherheit geben. Das ist aber nur eine Annahme für den Anfang. Im Laufe der Zeit sollten wir schon so weit kommen, daß wir auch mutterseelenallein mit dem Pferd auf dem Platz spielen können.

- Hat das Pferd gesundheitliche Probleme, die ihm selbst bei den Spielen Schmerzen und Unbehagen bereiten? Dann empfiehlt sich ein Tierarzt-Check.

Führen mit Seil um den Hals, hier bei dem überaus kniffeligen Slalom um die liegenden Stangen, wo es ganz besonders auf die deutliche Körpersprache ankommt.

Führen „oben ohne" über die Stangen.

Führen ohne Halfter von vorne: Das Pferd folgt präzise den Körpersignalen des Menschen.

AUSKLANG - RESÜMEE

- Sie haben viele neue Erfahrungen gemacht.
- Sie haben Ihr Pferd besser kennengelernt.
- Sie werden es fortan besser verstehen.
- Sie haben einen viel innigeren Kontakt zu Ihrem Pferd bekommen.
- Sie haben entdeckt, wie schön es ist, mit dem Pferd auf gleicher Höhe zu arbeiten und daß man nicht unbedingt im Sattel sitzen muß, wenn man mit seinem Pferd zusammen ist.

So Sie mit einem Pferd im Fohlenalter oder zumindest im noch nicht reitbaren Alter gespielt haben, werden Sie die Früchte auch noch später ernten, wenn Sie darangehen, das Pferd zuzureiten. Es wird alles nämlich um ein gewaltiges Stück leichter sein.

Sie werden auch entdeckt haben, daß die Zeit, bis aus dem Fohlen endlich ein reitbares Pferd wird, gar nicht so langweilig und endlos ist, sondern sehr reizvoll sein kann. Vielleicht haben Sie es dann gar nicht so eilig, zu einem Reitpferd zu kommen, sondern schenken Ihrem Partner noch etliche Monate, vielleicht sogar ein ganzes Jahr, um zu wachsen, unbeschwert und fröhlich zu sein.

Haben Sie auch bemerkt, was Sie selbst dabei profitieren konnten? Sie sind ein wenig körpergeschickter geworden, konzentrierter und deutlich selbstbewußter. Ist doch auch nicht schlecht, solch ein Nebeneffekt?

Sie sollten sich aber nicht zufrieden zurücklehnen und jetzt wieder dem Reitalltag anheimfallen. Nein! Machen Sie weiter! Lernspiele sollte man immer spielen. Vielleicht erfinden Sie einige neue Variationen, vielleicht finden Sie auch mit den bisher gewohnten das Auslangen. Aber hören Sie nicht auf! Das Potential, das in Ihrem Pferd steckt, ist noch lange nicht erschöpft.

Wenn Sie noch weitere Fragen haben, wenden Sie sich bitte an:

> **Hot- Line des**
> **„Zentrums für artgerechte und**
> **gewaltfreie Pferdeerziehung", die**
> **Sie Montag und Dienstag**
> **zwischen 17.30 und 18.30 Uhr**
> **unter der Telefonnummer**
> **++431-888 46 98 erreichen.**